JN201992

子どもの話をちゃんと聴く。

自分もハッピーになる
傾聴のコツ

傾聴カウンセラー
辰由加

佼成出版社

心はどこに

自分の身体がどんどん変化して怖かった
今まで通りにはいかない毎日や
生活を整理して
あなたに会いたくて
私はあなたを生みました

そのままのあなたでよかった
ただそこにいるだけで愛してる

朝も昼も夜も……
いつだってあなたがいつも笑っているように
抱っこから　おんぶから　手をつないで
ケガや病気のないようにって

もうね、あなたはなんでもひとりで考えてできるのに
どうして心配しちゃうんだろ
いろいろ言いたくなっちゃうんだろ

「お母さん、私のこと、信じてないからじゃん」
私は、お母さんあなただけを信じてずっとずっと
大きくなったのに

あなたはいつまでも疑って心配してる
もう手を離しても　歩けるんだよ私
いつまで一方通行の信頼なんだろ

お母さん、失敗するかもしれないけど
私ね、任せて信じて欲しいんだよ
「大丈夫だから、見ててね　お母さん」

はじめに

こんなに話を聞いているのに、いつもいつだってあなたに一生懸命なのに、

「お母さんってば、ぜんぜん話を聴いてくれない！」

お子さんに言われた経験はありませんか？


はじめまして。傾聴カウンセラーの辰由加《たつゆか》と申します。

私が行っている「傾聴カウンセリング」はカウンセリング技法の基本である傾聴に特化したカウンセリングです。家族や自分の周りの大切な人との共感的コミュニケーション技法として必要な方には講座でお伝えもしています。

私が人の話を聴く勉強を始めたきっかけは長男でした。

20代前半で授かったその子は心臓の病気を持って生まれ、三度の手術を受けました。お陰様で30歳を越え無事に今に至りますが、息子はもともと大人しい性格で、周りの友だちに意地悪をされてもいじめられても何も言い返さず、自分の心臓に穴が開いて

いたことを「僕はＢ級品」と笑って表現する子でした。

私はそのたびに「ごめんね」と自分を責めました。

笑って過ごす息子の心の奥の本音が知りたくて始めたカウンセラーの勉強でした。

しかし、カウンセリングの勉強の初日に担当の先生から言われたひと言で私は愕然《がくぜん》としました。

「近親者やパートナーにカウンセリングはできません」

よく考えたらその通りです。寝食を共にし、たくさんの背景を知り尽くしている息子には感情が入りすぎてとてもカウンセリングにはなりません。

家族にはできないことがわかりながら、私はカウンセリング実習のなかで自己開示することで自分が生きやすく楽になる経験を十分にしていました。

親のこと、兄弟のこと、結婚のこと、離婚のこと、長男の病気のこと、いじめに遭《あ》っていること等、誰にも話していない自分の中の本音に触れてすごく驚きました。

「目の前にちゃんと聴いてくれる人がいる」

話すことでこんなにもモヤモヤが晴れて心が整理されたことはありませんでした。

学びの過程で私は、長男がいじめられていることに自分自身が傷ついていたと気がつき、彼に1ミリも寄り添うことなく自分の痛みや悲しさや怒りをどうにかしようと必死だったことにも気がつくことができました。

いじめられてしょんぼり帰ってきた彼に、「なんで怒らないの!!」「あなたが言い返さないからでしょ!」と怒鳴ったあげく勝手に学校や友人宅に電話をし、怒っていた私がいました。

どうして一言、「嫌になっちゃうね～。し～君はどうしたい？　お母さんに何ができる？」って声をかけることができなかったんだろう……と、当時傾聴を知らなかった自分に少しだけ後悔があります。

自分の話を聴いてもらったことで生きやすさを獲得した私は、そのまま心理学の世界にどっぷりはまりました。

本来の目的だった息子の話を聴く日まで9年もの時間がかかりました。

それは、息子が20歳を迎えた直後だったと思います。

いじめられるのにその仲間とは縁が切れず、中学、高校と軽犯罪を繰り返す息子に兄妹も私もうんざりでした。

夜遅くの電話は必ず警察からだし、仕事中にかかってくる息子からの電話はお金の要求だし、カウンセラーとして他人の悩みを山ほど聴きながら、私は最初の目的も忘れ〝長男を殺して私も死んでしまいたい〟とどこか遠くで現実逃避したい思いが時折湧いてきて泣きました。

息子が20歳を迎えた頃、ある事件をきっかけに覚悟を決め、機会を見計らって彼の話を傾聴することにしました。

もちろんそれまでに習得したカウンセリングに必要とされる分析や技法は近親者、家族には何も使えないということも知っていました。

でも、学びはじめた頃のカウンセリング実習でただ聴いてもらい楽になった経験が私の中にしっかり残っていて、傾聴なら日常に取り入れることができるかもしれない。向き合って彼の話に寄り添い聴いてみようと思ったのです。

今でもその日を覚えています。息子から声がかかり、意を決して必死で聴いた後、時計をみるとたった5分しか聴けていませんでした。

それでも彼の様子が少しずつ変化していく過程は見事でした。

最初は5分、一週間後には10分と、だんだん時間が延びて、半年後には朝方まで一緒にお酒を飲みながら話をしたり、時には私が謝り、息子も笑いながら過去を話してくれるまでなりました。

彼の中には彼だけの答えがあり、それは私の正解でも世の中の正解でもルールでもなかったのに、彼が選んだ大事な思いを無視してそこにはめ込もうと必死だった私がいただけでした。

私のこの経験から、「傾聴」には親子の関係性を再構築する効果があると信じています。

私には3人の子どもがいます。

同じ環境で育っても子どもは本当にそれぞれです。

お母さん、あなたのせいではありません。

お子さんのせいでもありません。

ただ愛情がすれ違っただけ。

傾聴でそこを紐解くお手伝いをさせてください。

目次

3 心に寄り添う傾聴とは

4 大切な人の心を守る基本の聴き方

5 親子がもっとラクになるコミュニケーション法

6 相手の話を聴ける自分になるために

7

「聴く」ことで幸せを循環させよう

ブックデザイン／阿部早紀子　イラスト／イケマリコ

1

「聴く」だけで何が変わるの？

「息子の話を聴ける母親」になりたい

私が「傾聴」を知ったのは、もう25年以上前のことになります。とある日曜日の午後、新聞を眺めていたとき、「カウンセラーになろう」という見出しにふと目が留まりました。

記事にはいくつかのカウンセラー養成講座の紹介があり、「聴く人がいるから話せる」というようなことが書いてありました。

その頃私は、長男が小学校でいじめられていることを同級生のお母さんの話から知って、心を痛めていました。しかし、実態を息子の口から聞き出そうとしても、息子は何も言おうとしません。私の苛立ちは募り、彼の心の奥が知りたいと切実に望んでいました。

「聴く人がいるから話せる」

そんな私の胸に、この言葉が深く刺さったのです。

もし私が「聴く人」になれたら、息子も私に、つらいこと、悲しいこと、本当はどうしたいのか、心を閉ざさないで話してくれるかもしれない……。

私は、すぐにでも講座を受けたいと思いました。でもそのときは下の子もまだ小さく、現実的ではありませんでした。

「いつか必ず！」と心に決めて、私はその記事を切り抜き、小さくたたんでお財布に入れました。

思いを叶え、受講申し込みをしたのは、それから2年後のことになります。

傾聴との出会い

受講を申し込んだ当時の私は、カウンセラーになりたいというよりも、「息子の話を聴ける母親」になりたいと強く思っていました。

性格なのか、環境の影響なのかはわかりませんが、長男は小さいときから、嫌なことも楽しいことも、あまり口に出す子ではありませんでした。ですから、ひどいいじめに遭っているときでさえ、私は把握することができなかったのです。

息子の噂は、常に周りから教えてもらっていました。

これではいけない。息子の話を聴こう。「聴く人」になるための勉強をしよう。そう決心し、私はカウンセラー養成講座を受けることにしました。

そこで出会ったのが「傾聴」です。

傾聴とは、カウンセリングにおいて相手との関係性を構築するためのスキルの一つです。話している本人が自分自身に対する理解を深め、自分で意思決定することで前を向けるように手助けすることが目的です。

「傾けて聴く」と書く「傾聴」は、ただ〝聞く〟のではなく、自分の知りたいことを〝訊《き》く〟のでもなく、相手が話したいことを自由に話せるよう、受容的・共感的な態度で相手に丁寧に寄り添います。

「子どもから話がしたいと思ってもらえる自分をつくろう！」

私の傾聴の学びはそこから始まりました。

家族に対してはカウンセリングできない⁉

自分の感情を表に出さない息子の心の奥の気持ちを知りたい。子どもの話を聴けるお母さんになりたい。そう考えてカウンセラー養成講座の門を叩いた私でしたが、最初の講義で、早くもその希望は打ち砕かれました。

「**子どもやパートナーなど、関係が近い人のカウンセリングはできないとされています。**非常に難しいです」

先生はこうおっしゃったのです。

なぜできないのか。その理由は第一に、近親者とは心配ごとや困りごと、悩みを共有していることが多いため、つい問題を解決してあげたくなり、アドバイスや善し悪しの判断をしがちだからです。

それを受け入れてもらえないと、「そんな子に育てたつもりはない！」「私の思いをわかってくれない！」など、いろいろな感情があふれてしまいます。結果として、傾聴が目指すところとはかけ離れたコミュニケーションになってしまいます。

第二に、家庭内では、話し手と聴き手の間に「ラポール」と呼ばれる相互信頼関係を形成するのがとても困難だからです。

心の奥まで話してもらうには、話し手が「話しても大丈夫」「信用できる」「傷つけられない」と安心している状態が大切です。しかし、近親者はえてして心の傷の原因であることが多いものです。その近親者に、心の奥を自己開示するのは、とても勇気が必要になります。

話し手も、大切な人（近親者）を傷つけたくないと思っているからです。

話す方も勇気がいる、話してもらう方も感情があふれる。これが、近い関係の人の傾聴が難しいといわれる所以《ゆえん》です。

相手の悩みは、自分に原因があることが多い

もう一つ、講座の先生から言われてショックを受けたことがありました。それは、「相手の悩みは、自分に原因があることが多い」ということです。

「相手の話が聴きたい」と思うこと自体、裏を返せば相手との関係性、コミュニケー

ションに不安がある証拠です。

その頃の長男は、反抗的な態度をとることはなく、なんでも私の言うことを素直に聞き入れてくれていました。

逆に言えば、自分で何かを決めることがほとんどない子でした。

そのときはまだ気づいていませんでしたが、そういう子に育ったのには、私の過保護・過干渉が影響していたことは否めません。

不安と心配を抱えながら長男を育てた結果、私は彼の「自己決定」のチャンスをたくさん奪ってきたのです。

「息子のために」は、実は「自分のため」

思い返せば、長男に関しては生後すぐから不安と心配が絶えませんでした。

先天性心室中隔欠損症――心臓の心室を左右に分ける壁に大きな穴が開いた状態で生まれた長男は、入退院を繰り返しながら生後4か月で肺動脈を縛る手術をし、10か月で心臓の穴を塞《ふさ》ぐ手術をしました。

心臓の穴を塞ぐまではおっぱいを吸う力もなく、生気のない人形のような息子が心配で心配で心配で、私はいつも胸の奥がギューーッと締めつけられるように重く、ドキドキしていました。

私が目を離したら、何か判断を間違ったら、この子の命は危険にさらされる。

片時も目が離せないという思いは、手術が成功した後もずっと続き、実は息子が成人した今でもなくなりません。

これ以上、息子が心身ともにつらい目に遭わないようにと、問題が起こったときや起こりそうなときには、私が先んじて解決してきました。

たとえて言えば、息子が歩く先にある小石を前もって全部取り除こうとしていたのです。それが親の愛情だし役目だと信じていました。私は彼のために石を取り除いていると思い込んでいました。

けれども、**実は自分の不安と心配を取り除いていたのだということが、傾聴を学び始めてわかってきました。**

私が石を取り除くことで、息子が石でつまずく経験を奪ってしまっていたことにも後から気づきました。

私の頑張りで息子の命を助けたのだというおごりもあったと思います。息子から必要とされることに、私はいつの間にか自分の存在価値を置いていました。彼を「管理」「支配」しようとしていたのです。

その結果、成長期に入った長男に、ある異変が訪れました。

中学生になった息子の反乱

長男の様子が変わったのは、中学校に入った頃です。

昼間、私が働きに出ている間に、家の中のお金や、みんなのおやつとして買ってあったお菓子がなくなるということが起こり始めました。

状況から、明らかに長男の仕業でした。

「ここにあったお金、知らない？」「ここにあった貯金箱の中身を知らない？」「弟のお年玉、知らない？」と長男を詰問する毎日。家の中に泥棒がいるようなもので、長男とのいさかいが頻繁になりました。

しばらくして、理由がわかりました。ある日、塾の帰りが遅いため近所まで迎えに行ったところ、長男に友人たちが群がっている光景が目に入りました。

長男は、家から持ち出したお金で友人たちにおごったり、お菓子をふるまうことでいじめから逃れていたのです。

高校に入る頃になると、長男は声をかけても横を向いたまま知らんぷりをするようになりました。

「ねえ、私たちこんなに困ってるよ？　もう盗んだりするのやめてくれる？　家に泥棒がいるのは気が休まらない！」

泣いて叫ぶ私に、「家族に興味ないし、なんかあったら死ねばすむ」と口答えされたこともあります。私は悲しみと同時に怒りが抑えきれず、長男をげんこつでぶん殴りました。げんこつで人を殴ったのは、これまでの人生でその一度だけです。思い出すと今でも苦しくなる過去です。

息子と一緒に泥の船に乗る

高校を中途退学後も、長男は同じような仲間と一緒に町に繰り出し、お金がなくなると悪事を繰り返していました。

連日のように私は警察に呼び出され、彼を引き取り、迷惑をかけたあちこちに頭を下げ、弁償しに回っていました。その頃の私は、子どもの尻拭いは親の責任だと思っていたのです。

しかし、顔なじみの少年課の刑事さんにかけられた言葉で、私は長男との関係を見直すことができました。

「辰さん。辰さんのお子さんは、私にはそんなに性根が腐った子のように思えません。友人に利用されている可能性があります。今回も万引きで何人も捕まっているのに、実際に物を盗んでいるのは彼だけです。彼はわざと見つかるように盗んでいるとしか思えません。何か悲しくないですか？」

思いもよらない話でした。遊ぶ金欲しさに息子が利用されている。あの子は、家族より大事にしている友人からも、いじめを受けているんだ……。悔しくて、悲しくて、腹が立って、その場で声をあげて泣きました。

刑事さんは、こう続けました。

「お母さん、息子さんは、泥の船だとわかっていて船に乗っています。お母さんは、岸からその様子を見て、大きな声で叫んでいます。こっちに戻っていらっしゃい、危ないから帰ってきなさい！　と必死に手招きしています」

「はい」

「お母さん、その船は泥船です。どうぞ一緒に船に乗ってあげてください。そうしたら二人の重みで船は浅瀬で崩れます。言ってる意味がわかりますか？　死なないですむのです」

「死なないですむ……」

目からウロコが落ちるとはこのことです。そのとき私は、真っ暗闇の中に光を感じました。

「一緒に泥の船に乗る」

岸からいくら声をかけても息子に届かないのであれば、一緒に船に乗ればいい。水の冷たさも、泥船が崩れる恐怖も、崩れゆく泥船から見える景色も、息子と一緒に体験し、共に岸にたどりつけばいい。

つまり、息子を信じて寄り添うということです。

その行為は、相手に肯定的な関心を持ち、共感を持って聴く「傾聴」そのものであると、私は瞬時に理解しました。

と当時に、私はもう何年も自分の正しさを押しつけて、息子に怒ってばかりだったことに気づきました。

上から目線でジャッジやアドバイスや説教をするばかりで、「彼の中に答えがあることを信じきる」ことができていませんでした。

私はいったい、何のために、誰のために、何年もの間傾聴を学んできたのでしょう。

刑事さんとの会話で、私は自分が傾聴を学んできた意味を再確認することができました。

そして、気持ちを切り替えて、泥船だとわかっていながら乗ってしまった息子の気持ちを「共に味わおう」「チャンスを見つけて話を聴こう」、そう決心しました。

「聴く」チャンスを逃さないために準備したこと

「チャンスがあったら息子の話を聴こう」

そう思いながらも自分の中の覚悟が定まらないまま、月日が経ちました。

顔を合わせれば怒鳴り合う、そんな毎日が続き、私も、次男も、長女も、疲れ果てていました。長男の中にも私たち家族にも出口が見つからず、全員が精神状態に限界を感じていました。

「もうやるしかない。家族に対して傾聴ができないのなら、家族とは思わずに向き合おう！」

私は、刑事さんから言われた「一緒に泥の船に乗る」を思い出し、彼と同じ景色を見よう！　信じてそばにいよう！　そう決心しました。

問題は、**ラポール（信頼関係）の形成**です。

普段、カウンセリングをする際は、「あなたをお待ちしていましたよ」と、両手を広げてお迎えするような気持ちと場面をつくるところから始まります。部屋の空気を入れ替え、室温を快適にして、聴き手である自分を信頼してもらえるように、環境もできるだけ配慮して整えます。

しかし、家の中では「今からカウンセリングを始めます」みたいなわけにはいきません。いつどんなときに「聴く」が必要になるかは、相手次第。その機を逃さず、瞬時にラポールを形成するにはどうすればよいのだろう……。

ふと、「何か飲む?」と、こちらから声をかけてはどうだろう、という考えが浮かびました。

当時のわが家には、水とお茶くらいしか飲み物はありませんでした。ジュースなどがあると、家族のことを考えずに長男が全部飲んでしまい、いくら注意しても聞き入れてもらえないため、買うのをやめていたのです。

これからは、いつ何どき、何を飲みたいと言われても大丈夫なように、コーヒー、紅茶、ジュース、ありとあらゆる飲み物を用意しよう。

そうだ！　あの子が幼い頃、大好きだったココアも用意しよう！

そう考えただけで、私は絡まった糸がスルスルとほどけるような気持ちになりました。

一杯のココアがラポールを形成

その日は、案外早くに訪れました。

「お母さん、あのね。今日先輩がさ〜。お金を貸して欲しいって言うんだけど」

数日後、帰宅した長男が、台所でカレーを作っている私に声をかけてきたのです。

いいえ、もしかしたらいつもそうやって声をかけてくれていたのに、私の方が気づかず無視していたのかもしれません。

〝よし、今だ！　今がチャンスだ！〟

いきなり訪れたチャンスに心を震わせながら、私は丁寧に言葉を返しました。

「え〜そうなんだ？　おかえり。何か飲む？」

「何ってうちにはいつも水くらいしかないじゃない」

「あるかもよ？　言ってごらん？」

息子はいぶかしげな表情で、キョロキョロと探るように台所を見回しました。そして私を試すようにこう言いました。

「じゃあ、ココア」

「！」

私はあまりの驚きに、泣きそうになりました。声が震えるのをグッとこらえ、「うん、オッケー。今作るね！　そこのテーブルで待ってて！」とできるだけ明るく答えました。息子は、「ええっ……あるんだあ」と、不思議そうにテーブルに着きました。

そのときの彼のまん丸に開かれた目を、私は一生忘れないでしょう。

料理の火を止め、二杯のココアを座っている息子と自分の前に置くと、彼は普段悪態をついている子と同一人物とはとても思えないような笑顔を見せ、「なんでココアがうちにあるんだろう」とぶつぶつ言いながら、ゆっくり飲み始めました。

私も一緒に一口飲むと、彼はさっき言いかけた話の続きをし始めました。

わずか5分の「傾聴」が息子との関係を変えた

実のところ、話の内容はよく覚えていません。ただ息子の悪事自慢を否定せず、丁寧に聴いたことは覚えています。**奥から湧き出しそうになる私の価値観や感情を後ろに置き、覚悟を決めて、アドバイスもジャッジもせずに聴きました。**

しかし、だんだんと怒りが堰《せき》を切ってあふれ出しそうになります。息子の話が聴けなくなり、限界を感じた私は「あ、お母さん、お料理作らなきゃ」とその場を離れました。

どれくらい時間が経ったのでしょう。私には1時間くらいにも感じられましたが、台所の時計を見ると、たった5分しか経っていませんでした。

しかし、その「5分」をきっかけに、私と長男の関係性はぐっと近くなりました。彼が時折、「お母さん、聴いてよ」と声をかけてくれるようになったのです。

20年待っていた「あの日のココアの5分」

それからどのくらい経った頃だったでしょうか、5〜6年は過ぎていたと思います。夕飯をすませ、長男と二人でダラダラと世間話をしながらテレビを見ていると、画面に喫茶店のココアが映りました。

そのとき、彼が言った言葉を私は宝物にしています。

「そーだなぁ、たった5分かぁ。俺、20年待ってた5分だったかもなぁ」

最初は何のことかわからず、「何?」と尋ねました。

「あの日のココアの5分だよ」

思いがけない言葉に、私は胸がいっぱいになりました。

5分が10分に、10分が30分に、スモールステップを重ねて、私たちは関係性を少しずつ取り戻し、同時に息子は自分で決めることに自信を持って毎日を生きられるようになっていました。

日常に少しずつ笑顔が戻ったのは、たった一杯のココアを使った「あの日のラポール」があったからです。

2

なぜ子どもの声が聴けなくなるの？

私の失敗——不安から私の正解を子どもに押しつけていた

自分が産み育てた子なのに、突然ある日何を考えているのかわからなくなり、大きな不安を感じたことはないでしょうか？　どうしたらいいかわからず、怒りや悲しみに溺れそうになった経験はないでしょうか？

私には苦い経験があります。

今から30年あまり前のこと。長男が心臓に病気を抱えて生まれ、これまで三度の手術を受けたことは前章で触れました。そんな息子をどうしても「普通」にしたくて、私はそこにばかり必死になりました。今考えると「普通」ってなんだろう？　と思います。でも、不安と心配の渦中にいた当時は、それが母親の務めと信じて疑いませんでした。息子がお友だちの大ちゃんや梓ちゃんに負けないように……。

「大ちゃんだってできるじゃない」

「梓ちゃんは忘れ物しないよ」

「給食を残さないでね」

「着替えも素早く」

そうやっていつも比較しながら育てていたのです。

みんなと一緒に！　みんなと同じに！

いつも誰かと比べて、息子の足りないところをなんとか直そうと、息子を急《せ》き立てる日々。病気や手術の影響で身体がほかの子より一回り小さく、行動もみんなよりゆっくりな息子に、頑張らせることばかりしていました。

心臓病も、性格がのんびりなのも、彼の所為《せい》ではありません。もしも誰かが悪いとすれば、私から生まれてきたのだから私でしょ！　と私は自分を責めていたのかもしれません。あの頃、息子にみんなと同じになって欲しくて躍起になっていた私の行動は、**〝私が自分の罪悪感から逃れるためだったのかもしれない〟**と、ずいぶん後になって思いました。

息子は唯一無二の存在なのに、私が「普通」を求めるあまり、小さくチクチクと、そのままの彼を否定し続けていたと思います。

母親にいつも人と比べられて、人より少し劣っている自分を、彼はどう思っていたのだろう。

もともと人に感情をぶつけることもなく、素直でいつも穏やかな性格の子でした。病気のことを除けば、駄々をこねることもなく、育てやすい子どもでした。彼の周りの友だちがふざけながら彼をいじることがあっても笑顔で対応している、そんな様子を見て私は「えらいね」と思っていました。

そんなある日の朝、突然息子が玄関先で嘔吐しました。あわてて病院へ連れて行ったものの、原因はわからず嘔吐は何日も続きました。私は「なんとか学校に行かせないと」と必死になり、吐いてしまわぬように朝ご飯を少量にして学校に送り出しました。頭の中には「みんな行ってるのに！」「なんでうちの子だけ？」という思いばかりがありました。

「何かあったの‼」「誰かに何かされた？」と浴びせるように質問する私に、息子は返事をせず、ただ下を向くばかり。そんなことを繰り返しているうちに、息子は私の前で感情を出さないようになり、口数も減っていきました。子どもが何を考えているかわからなくなりました。

今考えると、「子どもが学校に行けない」「誰かに意地悪をされている」という事実に、私が深く傷ついていたのだと思います。私の主観なのか、世間という人の目なのか、どこを主軸にしていいのかさえわからなくなり、いつも不安でいっぱいでした。

「学校やめようか？」

30年ほど前のことです。相談する場所はほとんどなく、唯一息子の循環器科の検診で、主治医に息子のことを相談したときに言われたことを、今でも覚えています。

「お母さん、お子さんを愛していますか？」

「はい、もちろんです！」

「息子さんはね、教室で針のむしろに座っているのと一緒です。つらいと思いますよ」

「え……」

「お母さんが『みんなと同じに』と思う気持ちはよくわかりますが、息子さんの気持ちを大事にしてみませんか？」

目からウロコが落ちるとはこのことです。私は、自分が息子を針のむしろに座らせていたとは思いもしませんでした。

家に帰って息子に言いました。

「しーくん、お母さんわかったよ！　楽しいこといっぱいしよう」

キョトンとしている彼に思いっきり大きな声で言いました。


「学校やめようか？」

「お母さんに何か手伝えることある？」


息子は目をまん丸にしてこちらを見ています。そして、「いいの？　ごめんなさい」と言いながらワンワン泣いた息子を、私も泣きながら抱きしめました。

ごめんなさいは、私の方です。私が愛だと思って必死に彼を「普通」にしようとしていた行動は、彼を病気を持つ体に産んでしまったという私の罪悪感からのものでした。

何度も心臓の手術を経て得た命です。本当に「元気でいてくれたらそれだけでいい」と思っていながら、彼の将来への不安から、私の正解を押しつけてダメ出しをいっぱいしていました。それが息子の自信を奪うことになっていようとはその時は思ってもいませんでした。

事柄に振り回されると、感情が聴けなくなる

もう一つ、私の経験をお話しします。

それは私が傾聴に出会う前、長男が小学校3年生のときにさかのぼります。

その頃、長男は毎日、服を泥で汚して帰ってきました。

心臓の穴を塞ぐ手術をした子ですから、体育の授業も「つらかったら無理せず見学していること」という取り決めを、本人とも学校の先生ともしていました。

そんな子が泥んこで帰ってくるとは、いったいどういうことなんだろう。私は不思議に思いながらも、特に追及はしませんでした。

一度だけ長男に「毎日洋服がすごいねぇ〜。真っ黒だよ」と声をかけたことがあります。

すると長男は、「サッカーして遊んでるんだよ。僕はあまり走れないからゴールキーパーなんだ！　カッコイイでしょ！」と自慢げに答えました。私はその言葉を信

じていたのです。

ところが、真相は違いました。

ある日、買い物先で長男の同級生のお母さんに出会ったときのことです。彼女は私を見つけると駆け寄ってきて、こう言いました。

「知ってますか？　しんちゃん、いじめられてるってみんな心配してますよ」

「え……？」

「毎日放課後、10人くらいから的にされて、一斉にボールを蹴られてるって。知らないんですか？」

私は一目散に家に戻り、おやつを食べていた息子に問いただしました。

「しんちゃん！　毎日みんなにボールをぶつけられてたってホント？　いったい誰がそんなひどいことをするの！　いつから？　なんでしんちゃんばっかり意地悪されるの？（泣）」

取り乱す私とは対照的に、長男は静かにひとこと「大丈夫だけど」と言いました。

でも、私は彼の声を聴こうとしていませんでした。

「先生は知ってるの？　やった子の名前をお母さんに教えて！　学校に電話するか

ら！　もう、なんだと思ってるのかしら！」

私は、息子がいじめられたと耳にすると、いつもこんなふうに即座に対応をしていました。

「息子がいじめられた」という事柄に振り回されて

今思い返すと、自分のしたことに対する後悔と反省ばかりです。

私は、「息子がいじめられた」という事柄に振り回されていました。彼の気持ちをまったく聴いていません。どうしたらいいか、彼と一緒に考えてもいません。

いじめられているのは息子なのに、勝手に私が傷ついていました。

もう取り返しがつかない過去ですが、私は息子の感情や気持ちを拾っておらず、彼のことなのに、彼にどうしたいか、何も聴いていませんでした。

そのとき傾聴に出会っていなかったことが今でも悔やまれます。

こんなふうに私は、心配のあまり息子の「自己決定」のチャンスをたくさん奪って育てました。

楽しいのか、悲しいのかは、心の奥を聴いてみなければわからないことでした。

今ならこう思えます。息子自身がいじめをやめて欲しいと思っているのなら、その「解決方法」は、本人が答えを出すまで信じて待ち、その答えを応援してあげられればよかったと。

もしかしたら先に息子が何か意地悪をして、謝らないからボールをぶつけられていたのかもしれません。息子は明日謝ろうと思っていたのかもしれません。子どもなりの解決方法として、彼が望んでボールの的になったのかもしれません。

相手に向けるのは「信頼の愛」

子どもがいじめに遭ったと聞けば、どんな親でも動転して、自ら解決に乗り出していこうとするでしょう。

けれども、少し立ち止まって、まずお子さんの話を聴いてあげて欲しいと思います。起こった事柄、事実は事実としてしっかり把握します。

そして、お子さん自身の気持ちを聴きます。

「○○ちゃんは、それで楽しいの？」

「嫌だったらどうしたらいいかなあ？」

「お母さんに何かできることはある？」

本人はどうしたいのか、親に何か手伝えることはないかをゆっくり聴きます。

子どもには子どもの課題があって、それを支える家族には家族の課題が別にあるのです。それをしっかり肝に銘じた上で、まずは「聴く」ことです。

「心配の愛」は自分に向いています。相手に向いているのは、「信頼の愛」です。

私と同じ轍《てつ》を踏まないためにも、ぜひ心に留めておいていただければと思います。

それは聴いてるふりです

「あ〜、もういいや」

こっちはちゃんと聴いているのに、突然お子さんが話すのをあきらめる場面に出会ったことはないですか？

自分では聴いてるつもりなのにそんな態度をとられて腹も立ちます。

……聴いてる　つ・も・り。

どうでもいいことはペラペラ話すクセに、自分が知りたいことには急にシャッターを下ろされたように感じられ寂しくもなります。


振り返ってちょっと検証してみましょう。

そのとき、あなたは何をしていましたか？

お料理をしながら、テレビを見ながら、スマホを見ながら、本を読みながら話を聞いていませんでしたか？

まさにあなたの言う通り、それは聴いてるつもりの行動です。

お子さんの様子をしっかり洞察して何か話したいのかな？　と察知したら手を休め、目を見てゆっくりとした気持ちで、

「ん？　どうした？　何かあった？」

と声かけしてみませんか？

お子さんに必要なのは「安心で安全な領域」です。

何があっても大丈夫！　お母さんは味方だ！　そばにいてくれる！

そういう信頼関係を築いていくためにも無意識に聴いているふりをしていないかどうか振り返ってみましょう。

子どもにとっては【今】がとても大事です。

ついついい忙しくて、親は「あ〜わかった、わかった。後でね」と自分の用事を優先してしまいがちです。そんなときでも邪魔扱いせずに子どもの【今】を尊重し、「これが片付いたらなんか飲もうか？」とひとこと声をかけて**【後で】の約束を丁寧にすると関係性は豊かになります。**

「石のワーク」で話し手の気持ちを知る

私の「傾聴」講座では「石のワーク」という短時間のロールプレイをよくします。
生徒同士が向かい合って5分間×2回。
お題は「昨日から今日にかけての出来事について」です。

- 1回目は、聴き手は話し手を一切無視して頭の中で歌を歌ったり、時には携帯をいじったりまるで相手を無視するような態度でいると……話は5分も持ちません。
  時にはわざとなのを知りながら「もう話すことがなくなりました」とイライラを表現してくれる素直な人もいます。
- 2回目は、同じ話をもう一度、今度は聴き手が話し手の目を見ながら、ただ「うんうん」と丁寧にうなずいて共に話し手の感情を感じるように接すると……5分で話は終わりません。

もう何回このロールプレイをしたか数えきれませんが、毎回参加者の方から言われるのは、

「こっちを見て積極的に聴いてくれないと、事柄だけで感情が出てこない」

「目を見て一生懸命聴いてもらえると、もっと話そう！　と感情が伴ってくる」。

そして私は伝えます。

「あなたの普段の聞き方は『石』なんですよ」と。

「ながら聞き」は話の内容によっては相手をがっかりさせ傷つけることもあります。

愛する人の様子を察知して、一緒にテレビを見ながらやご飯を食べながらでも楽しい時間ならＯＫです。しかしお子さんの様子で「どうしてもちゃんと聴いて欲しい話」なのかを見極める技の一つが傾聴技法です。

自分の声もちゃんと聴く

そして、家の中であなた一人がカウンセラーの役目を担う必要はありません。

あなた自身もいろんな悩みや感情を整理する必要があります。気持ちに余裕がなければ興味のない話を2分も聴いていられないでしょう。

普段から「自分のことも大切にする」。それは家族のためにもなります。

自分のストレス発散の方法もしっかりつかみ、家族と話し合ってそれを伝えておくのも大事です。もちろんご家族の方の解消方法もみんなで理解し合っておくと、より家族内での共感的なコミュニケーションがとりやすくなります。

「ちょっと散歩してくるね」

「隣の駅前でコーヒーを飲んでくるね」

「今日は一杯飲んで帰ります」

「お母さんとお菓子を作りたい」

そう伝えるだけで「おっ、何かあったかな？」と家族が今の自分の不調に気がついてくれるきっかけにもなるはずです。

相手の話を聴くのも大事ですが、自分の声もちゃんと聴いてあげてくださいね。

思春期の子どもの声が聴けなくなったら

自分の子どもが生まれたばかりの頃を覚えていますか？

赤ちゃんは、どんな欲求も「泣く」ことで伝えようとします。母と子は数か月お互いの様子を探りながら、母はお互いがわかり合えるまで抱っこしたり、ミルクを与えたり、トントンしたり、オムツを替えたり、暑いのか寒いのか声をかけてみたり……「泣く」のサインの原因を必死で考え探しました。それがいつの間にか泣き声だけで欲求がわかるようになり、泣いていても抱っこするだけで安心してピタリと泣き止むようになりました。そんな子どもと通じ合ったときの感覚を私は今でも覚えています。

わが子に認められ、わが子に肯定してもらった喜びがそこにありました。

それなのに、わが子の声が、思いが聴けなくなっていく。それはいつからだっただろう。

「いったい何を考えているんだろう」

「私の言葉が何一つ伝わらない」

不安でつい「聴いてるの!!」と声を荒らげた経験が私にもあります。

子どもの人生に介入しない

今だったらわかります。私のお腹の中で大きくなり生まれたとしても**「私と子どもは別人格」**です。それなのに私はすべてを私に委ね、私がいなかったら生きることさえままならない赤ちゃんだった息子をイメージしたまま、彼を「私物化」していました。

子どもは日々成長し続けます。世の中のいろいろなものに影響を受け、笑ったり怒ったり、時には悲しんだりしながら、いつも「自分を確立していく真っ最中」です。いつまでも親の影響だけで生きていくわけではありません。

それなのに私は、自分の考えを押しつけ、彼が自分で考え決めていくチャンスを取り上げてしまっていました。

彼らよりも何十年もの経験値が私にはあるわけで、どこか傲慢《ごうまん》に「私の言うことを聞いていればうまくいく」と彼の人生に介入したがっていたのだと思います。

それでも、生まれてからずっと親が介入し続け、「よかれ」という思いを押しつけることを許してくれた唯一無二の存在は、「自分とは何者なのか」をしっかりつくる反抗期という過程に入ってゆきます。親の介入を拒絶することで、自分にとっての安全領域を必死に守っていくのです。

当時の私は、彼の変化にずいぶん振り回され、私自身を否定、拒絶されていると思い込み、何度も泣きました。本当ならば喜ぶべき反抗期であるとわかるのは、ずいぶん後になってからでした。

子どもが自己決定をして自分で選んで自分の価値観をつくっていく過程では、親の価値観は「邪魔」以外の何ものでもないのです。自我を尊重すれば大切な親を否定してしまうことになり、子どもだって苦しんでいます。

お子さんが不安定な時期にこそ深呼吸をして、親という字のごとく「木の上に立って見守る」に徹していると、親の愛情のなかで安心して葛藤しているお子さんの様子が見えるかもしれません。

3

心に寄り添う傾聴とは

「ちゃんと聴いて!」のサイン

この章では、結局「傾聴って何?」という基本的な部分をお伝えしようと思います。

傾聴の「聴」は、読んで字のごとく「耳に十四の心」と書きます。

みなさんがよく使う門構えの「聞く」は、聞こうと思ってなくても勝手に耳に入ってくる音を指します。ですからあらゆる五感を駆使してこちらから積極的に聴く「傾聴」とは、ずいぶん異なります。

傾聴は、「お互いの信頼関係の構築・維持」のため、カウンセラーを目指す人は必ず学びます。

「目の前の人の中にある答えを信じて寄り添う聴き方」です。

基本的な聴き方（やり方）と合わせて、自分の価値観や概念を全部後ろに置くことを目指して寄り添う（在り方）両方が整ってこそ、話す側が安心して話せる場がつくられます。

子どもや家族からのサインを見逃さない

日常のなかで傾聴を活用するのであれば、お子さんや家族からのサインを見逃さないことも大事です。

「お母さん、あのねぇ」

「今日、まいっちゃったなぁ」

家庭内での傾聴のチャンスはいつ訪れるかわかりません。

もちろん、全部を聴くわけにいかないのも現実です。

けれど、少し心に余裕があるときは、ぜひほんの数分でも、

「何？　何かあった？」

「ん〜、どうした？」

といつもより少しだけ聴く態度を意識してみてください。

カウンセリングの用語で「ラポール形成」といいますが、相手が「話しやすい環境・空気感」を整えてカウンセリングに入るのもカウンセラーとして大切な仕事です。

いきなり「さぁ！　話してください」と言っても、お互いに初対面では緊張もしていて表面的な話で終わってしまいがちです。

私はいつもカウンセリングの申し込みを受けたときからメールのやりとりを丁寧にさせていただき、「ようこそ、お待ちしていました」という態度を心がけるようにしています。

クライエントは悩みを持ち、それをどうにかしたくて予約をとり時間をつくっていらっしゃるわけです。部屋の扉が開いた瞬間に「その方の問題は解決に向かっている」と信じて寄り添います。

「こんにちは。ここまですぐわかりましたか？」

「奥の席へどうぞ」

カウンセリングに入る前に相手がリラックスできるように努めます。

お天気の話、ここまでのアクセス、部屋の温度や話すときの距離感など、相手の心地よさを優先し、お声がけさせていただきます。

ただ家庭内ではどうしたらいいでしょう？

いつもとは少し違う環境や空気づくりで向き合う時間をつくることが大切です。

「何か飲む？」

「ちょっと散歩でもする？」

このように、〝あれ？　なんかいつもより優しい？　気にかけてくれてる？〟と相手との関係性が少しでも近くなるような気持ちがこちらから伝わるだけで大丈夫です。

近しい間柄だからこそ難しくもあるのですが、再構築のチャンスは視点を変えるとそこかしこにあります。

「まずは聴く」「信じて聴く」「とことん聴く」

そもそも私に傾聴を教えてくださった先生が、傾聴だけでなくそれに合わせていろいろな手法を学ぶことを推奨されていたので、私は産業カウンセラーの資格を取るために学びながら心への多種多様なアプローチを勉強しました。今ではそれも懐かしく思います。

初めの4年くらいは、のめり込むように勉強しさまざまな「療法」を身につけ、相手の必要に応じてそれらを活用しながらカウンセリングをしていました。

あるとき、カウンセリング中に、療法に頼りすぎて〝カウンセリングなのか占いなのか、ただの分析なのか、もしかしてこれって私の価値観の押しつけなのかもしれない〟と思いふっと顔をあげたとき、目の前の人の心を遠くに感じて泣きたくなりました。

「何やってるんだ、私。どこを見てるんだ、何を目指してた？」と。

私は、その日からどんなカウンセリングでも「まずは聴く」「信じて聴く」「とことん聴く」ことを主軸にし今に至ります。

そして、傾聴という「聴く」ことの難しさを今、あらためて噛みしめています。

私の大事にしている「傾聴カウンセリング」は、それだけでクライエントが自ら答えを見つけ自己決定して前を向く聴き方です。

ご家族や近親者、パートナーにカウンセリングができないことは、今でも定説だと思います。

ですが「傾聴」で培った**「聴くという愛し方」はたった5分でも相手に伝わる愛し方**です。関係性の近い人にこそ、その愛を伝えてみましょう。

次項より、心に寄り添う聴き手の在り方として、1〜7の大事なポイントをお伝えします。

1 「誰にも言わない」という約束を守る

あなたは自分の心の奥にある本当の気持ちを誰にでも話すことができますか？

- 変なことを言ってると思われたくない
- 自分の情けないところ、ダメなところを言いたくない
- 大切な思いだけど否定されそうで怖い
- 相手を困らせてしまうかもしれない
- 言いふらされたら困る

普段人間は、防衛機制本能（自分を守るセキュリティー）が自然に働いて自分が傷ついたり、嫌な思いをしたりするかもしれないと予測すると、自分を守るために本音を包み隠してしまう傾向にあります。

大切な人の話を聴かせていただくためには聴く側にもいくつかの心づもりが必要です。

カウンセラーには、医師や弁護士と同様に「守秘義務」が課せられています。

カウンセリングで得た情報をクライエント本人の同意なくして他の誰かに伝えないという約束です。危機に介入する際など例外はありますが、それ以外で第三者に口外することはありません。

話す人にとって心から「この場は安心で安全だ」と信頼していただくための約束でもあります。

聴く側の守秘義務が覚悟として整っているからこそ、話す側も「この人にならば……」と覚悟をもって「自己開示」してくださるのだと思います。

傾聴が信頼関係を構築する技といわれている所以です。心に置きましょう。

もう親なんて信用しない!!

さて、家族間での「傾聴」を考えたときに、「守秘義務」という習慣が家族の間では逆にタブーとされていたりします。

家族なんだから隠し事はなし！　世間に違《たが》わず私も親にそうしつけられて育ちました。

中学校に入学した頃、クラスで一番背が高かった私はバスケットボール部に入部しました。

時々先輩に「由加！　ちょっと来てくれる？」と部室に呼ばれ、「生理用ナプキン、貸してくれる？」と言われると躊躇《ちゅうちょ》なく渡していた私ですが、実は当時まだ初潮を迎えておらず不安でたまらない時を過ごしていました。

生理がきたのは中学2年の夏休み前。何か発達に問題があるような病気かもしれないと悩んでいたので、ホッとしたのを覚えています。

問題はその日の夜です。

私は母に何度も「パパやお兄ちゃんには言わないでね」と頼みました。何度もです。

「特別なことはしないで」とも言いました。

今思えばそんなに初潮が遅いわけでもなかったと思います。ただ周りの「当然もうきてるよね？」という雰囲気に対して、私も「もちろんです！」みたいな空気を出していたので、この変な嘘を誰にも知られたくありませんでした。

それなのに部活を終えて家に帰ると食卓の上には堂々と「お赤飯」がありました。

父が私を見て「そうかそうか」とニヤニヤしている様子が本当に嫌でした。お料理もいつもより少し華やかでした。

声高く母が「はい、由加ちゃんおめでとう」とお茶碗を渡してくれたときに絶望感が走り「もういやだぁ～」と泣いてしまったことを思い出します。

母も父も困っていましたが、私はお赤飯も食べずに自分の部屋に行き、お腹も頭も痛くて最悪な気持ちでベッドに入りそのときに心に誓ったのが、「もう親なんて信用しない」でした。

表向きは俗に言われるいい子だった私ですが、中学・高校時代に親への不信感を持っていたのは本当です。

家族だからこそ大事にしたい「守秘義務」

たとえ家族の間であっても、相手の話を聴こうという姿勢で臨むなら、一対一の守秘義務を守ることが大切です。

お子さんの話を聴いていて、**大事な話になりそうになったら、「ママはこの話、絶対に誰にも言わないね」と秘密を守ることを伝える**と安心して話をしてくれます。

ですから「誰にも言わないってことにしてあるから、子どもには知らないことにしてね」とご主人にこっそり教えるのもなしです。

夫婦でも友人でも「誰にも言わないで！」と言われたら言いませんよね？　その約束を破ったとき、傷つくのは誰でしょう？　子どもとの関係でも同じです。

お子さんの話を聴いて本当に誰かと共有が必要な内容であれば、「これは大切なお話だからパパにも知らせていい？」とお子さんの味方になりながら確認をとることが大事です。

子どもであっても別人格です。より丁寧に一対一の約束を守りましょう。

2 自分の価値観を後ろに置いて、相手の話をまるごと受け入れる

私の一生が一つの物語だとしたら、その脚本の「主人公」はもちろん私です。喜怒哀楽を感じながらダイナミックに凸凹すればするほどその物語はテレビの人気ドラマのように面白いものになります。

ところが**「傾聴」という聴き方では、私が主役の物語をいったん後ろに置いて、相手が主人公の物語をお聴きします。**

自分の価値観を全部後ろに置いて聴くカウンセラーの在り方は、よく「相手の鏡になるように聴く」と表現されます。

話し手が本音を存分に語り、そのお話が丁寧にそのまま相手に戻るように「あいづち」や「感情の言葉を繰り返す」や「要約」という傾聴技法があります（第4章）。

自分の心の奥にあった本当の感情が自分の口から出て、今の言葉として自分の耳でもう一度聴くことになります。

加えてカウンセラーが鏡となりそのすべてが映し出されるわけです。

一方、聴き手はいつも自分が主人公の人生を歩んでいるので、相手の話を聴きながらも「自分の思いや感情」が目の前に出てきて何か自分の思いを言いたくなります。相手の影響を受けて揺れないように存在するのは難しいことです。

ただ、相手が家族やお子さんであれば「うんうん、そうだったんだね」「つらかったね」「嫌だったんだ」「嫌って言えたのはすごいじゃない」と共感的な態度で寄り添うだけでも効果があります。

相手を信じて寄り添う

カウンセリングの場面では、話し手が時にカウンセラーに嘘をついたり大げさに話したりすることもあるかと思います。

「そう話したいんだねぇ〜」と、私はいつも通り「すべてを信じて寄り添う」カウンセリングを貫きます。

たとえば、A子さん（話し手）とのやりとりはこんな感じです。

A子　「うちの息子のSは学校にも行かないし、部屋にこもっていて顔も見ていません。ご飯も10年以上一緒に食べてないんです。あまりうるさく言うと殴ったり暴力を振るうので言えないし、どうしたらいいか、わかりません」

もしこの話を居酒屋で聞いていたら「10年も!?」「顔を見てない?」「顔を見ないでどうやって暴力を振るわれた?」などと、だまされたくない思いで嵐のように質問を投げかけてしまいそうですが、自分の価値観を後ろに置いて覚悟を決めて聴いているとそんな思いは1ミリもあがってきません。嘘っぽくても大げさな話でもまるっと受け入れます。

私　「もう、わからなくなっちゃいますね」

A子　「私が悪いんでしょうか?」

私　「A子さん、悪いことされましたか?」　※質問には一度質問で返す

A子　「悪いことなんて。ただ笑っていて欲しくて」

私　「笑っていて欲しいねぇ〜うんうん」

A子　「つい、責めるように言っちゃうのが自分でも嫌で……、笑っていて欲しいのに」

私　「責めるのは嫌ですねぇ。……ちょっとまとめますね、A子さんはS君が学校にも行かないし顔を見ることもできず、ご飯も10年以上一緒に食べてないことを責めたように言う自分も嫌になるし、殴ったり暴力を振るうので、本当はただ笑っていて欲しいことが言えないでいるというお話を聴きましたが、大丈夫かしら?」

A子　「はい、大丈夫です。あの……、私自分の思いばかりで息子の気持ちを何も考えていなかったんですね。ホント、学校なんて嫌なら行かなくていいし、ご飯も部屋で食べていいし、責めるから笑ってくれるわけないし、そんな叩かれたのも一度だけ手をペシッてされただけで……」

私　「S君の気持ちを考えていなかったって言えるってすごいです。A子さん不安と心配でどうしていいかわからなかったわけですから」

A子　「私も、笑ってなかったです……」

私　「そっかぁ〜、じゃあ、A子さんが笑えることしよう」

こうやってA子さんは、聴き手という鏡に映った自分と対峙しながら「自分の答え」に向かっていきます。

聴く側は、嘘をついて大げさにしてまで話し手の「伝えたい気持ち」がそこにあることを忘れてはいけません。

聴き手が自分の価値観をすべて後ろに置いて、相手の話をまるごと受け入れるのは、とても難しいことです。だからこそ、そこを目指すこと自体が「愛」だと私は思っています。

「相手を主人公にする」

「相手の鏡になるように聴く」

「相手の奥にある答えを信じる」

シンプルでありながら一番難しいとされている「聴く側の在り方」の基本です。

3 ジャッジやアドバイスをしない

子どもの話が聴きたくてカウンリングの勉強を始めたことは前にも話しましたが、そこからして「自分が主役」な母親だったと今は思います。

子どもにとって「話をしたくなる母親」になることが最優先でした。

聴き手は「ジャッジ（判断・審判）やアドバイスをしない」のが傾聴での約束です。

それなのに振り返ると私は普段から子どもたちの思いを聴かず、「あ〜それはダメ」「こーしなさい！　あーしなさい！」と否定や命令口調で指示ばかりしていました。

そんな私が子どもたちにとって「話したくなる母親」であるわけがありません。

「24時間いつでも聴きますよ」なんて日常では生活に追われてできないのもわかっています。ただ子どもの「ちょっと聴いて……」の声さえもスルーしていたと深く反省しました。

「よし！　今日はお母さんに話してみよう」

そう心に決めて打ち明けたのに、いきなり否定されたり、解決の方法をえらそうに押しつけられたり、数日後に「この間のこと、ちゃんとやったの？」と問い詰められたのではたまりません。

「こんなことなら言わなければよかった」と心についた傷はなかなか消えません。

心に壁をつくり内側からカギをかければ、傷つくことも少なくなりますが、その代わり誰も入ってくることができません。コミュニケーションがまったくないその場所は「孤独」です。

「話したら傷つく」「守ったら孤独」のどちらを選んでも悲しいのです。

だから、子どもにとっての絶対安心領域を目指して、いざというときには、自分の価値観を後ろに置いて、ジャッジやアドバイスをせずにゆっくりした態度でお話を聴いてあげてください。

自己開示しないというのも自己開示

思春期の息子の様子が「いつもと何か違う」。

目を合わせないし、ため息ばかり、イライラしているその様子にいろんな妄想が駆け巡り、心配でつい強めに「ん？　どうした？　なんかあった？」と訊いても、「別に～、なんもなぁ～い」と面倒くさそうに部屋に向かうその息子の背中に向かって、「ねぇ～～～、どうした!!　絶対なんかあったでしょ!!」と叫んだことが何度もあります。

何を考えているのだろう。いじめられたのかな？　心配ごとかなぁ？　と思いながら息子の冷たい態度に悲しくて腹が立ち、息子のことなのに私の悩みにしたがっている自分がいました。

そんなとき、信頼しているカウンセラーの先輩にその様子を不満気に話すと、「辰さん、お子さんが今話したくないという様子がお子さんの自己開示だと思うよ」。「え？　自己開示しないという自己開示ですかぁ」と一撃された経験があります。「今はそういう気持ちなんだねぇ～」で終わればいいのに、子どもに信頼されてないのか？　……私じゃダメなのか？　と自分の気持ちばかりに寄り添い子どもに共感し寄り添うことを忘れていました。

相手の気持ちを尊重することから始まる傾聴ですが、いざ自分の子どもとなるといろんな思いに心が揺れます（揺れるのも愛している証拠です）。

「話したいだけ話したらいい。話したくないなら話さなくてもいいよ」という態度こそ息子に届く安心安全な場だったのかもしれません。

人は、困りごとを本音で話されたらどうにかしてあげたくなる感情が湧き出ます。困っている人の役に立ちたいと「自分の成功体験」をアドバイスとして伝えたくなります。

その思いは純粋な優しさや愛であることは間違いありません。

でも、覚えておいてください！ **それは困っている人にとっての「正解」ではありません。**あなたの経験はあくまでもあなたのものであり、その成功はあなただからこその成功なのです。

子どもであっても相手には得手不得手があり、環境や気質があり、その人の「答え」は、必ずその人の中にあります。

問題解決を急ぐ前に「ただ聴いて欲しい」という子どもの気持ちに十分寄り添い、ジャッジやアドバイスをせず、何を話しても傷つくことのない安心で安全な場をつくろうと目指していたら、きっと子どもが「話したい母親」になれるのだと思います。

4 相手も自分も無条件に肯定する

カウンセリングの基礎を確立した、アメリカの臨床心理学者であるカール・ロジャーズは、**「カウンセラーの態度」として必要な三条件**を挙げています。

世の中には、たくさんの心理分析法がありますが、それさえも共に寄り添うカウンセラーの態度でクライエントの答えが変わってしまうため、ロジャーズは寄り添うカウンセラー自身の自己研鑽・自己理解を重んじ次の三条件にしました。

①無条件の肯定的な関心
②共感的理解
③自己一致（純粋性）

「すべてはお前の在り様なんだ」。そう言われているようです。

私は傾聴を学んで25年になりますが、未だにこの三条件の難しさに四苦八苦しています。

【今の自分】を常に理解し受け止めてアップデートさせることは、つい自分に条件を付けてしまいがちな傾向を正してくれます。

相手を無条件に肯定するためには**【自分のことも無条件で肯定できる】私でいること**が大切です。

条件付きで自分を肯定・否定していませんか？

- 勉強ができるから自分のことが好き
- あの人はあんなに美人だから価値がある、私には価値がない

そのように、自分自身が自分の価値に条件を付けて善し悪しを決めて苦しんでいたら、目の前に来てくれた相手を心から「無条件に肯定できる」でしょうか。

無条件の肯定的な関心とは、自分の価値観や社会的通念を押しつけることなく、また相手を否定することなく、目の前の人をありのまま受け入れることです。

自分をジャッジしていたら、相手にもジャッジは生まれます。

ただカウンセリングの場であれば、その2時間の間集中し、価値観を後ろに置きながら寄り添うことを目指せますが、家族となるとそうはいきません。

家族は、日常的にお互いの背景や価値観、物の好き嫌いを知っています。

あなたより先に相手が「これはお母さんに言ったら叱られるだろうなぁ」とか「否定されるだろうな」とわかっているだけにお互いが自分の本心を無邪気に話せなくなっているのも確かです。関わりが深いだけに「あなたのことは大好きだけど、ここを直して欲しい」「こういうあなたならOK」と条件付きで肯定してしまいがちです。

〝どんなあなたでもいいんだよ〟

〝あなたがあなたでいることがすべてだよ〟

〝あなたの中にあなただけの正解があるんだよ〟

だからこそ、心からそう思いながらお話を聴くと、相手にはそれがちゃんと伝わって「自分の存在を肯定してくれる」ことに安心して本心を話してくれます。

条件付きでなくてもあなたは存在しているだけで意味があり価値がありますからね。

5 同感ではなく、共感を

「目は口ほどに物を言う」とはよくいったもので、話を聴く上で目は大事です。

相手が思い出したり想像したりして話している景色を、相手の目の表情からたくさん見させていただけます。嬉しそうだったり、涙ぐんだり、怒ったり……。話を聴いているといつの間にか共にそこにいるような錯覚を起こします。

相手の感覚・感情に寄り添うためにも【相手から目を離さない】ことは共感する上で必要な聴く態度です。

「共感」と「同感」、「同情」は何が違うのか

さて、共感とは一体どういうことでしょうか。

共感と同感と同情は似ていてもまったく違います。

【共感】相手の思いを共に感じること
【同感】相手の思いを同じだと感じること
【同情】相手を自分と比較して可哀そうに感じること

傾聴では絶対的に【共感のみ】です。

あなただったら……という寄り添いを大事にします。

私は講座で生徒さんに次のようにお伝えしています。

「相手の目に映った景色を相手の目を通して見るように共に感じてね」

気をつけなければいけないのが【同感】です。

私だったら……という思いが大きく膨らむと「私も!!」という思いで話を聞いてしまいます。

自分が似たような事柄を体験していたとしても、その後ろにある感情の機微まで同じということはありません。それを同じだと思うのは相手の思いを無視した態度です。

普段の会話では盛り上がる【同感的会話】も、傾聴の場面では聴き手が主役になって相手をがっかりさせてしまうので気をつけたいところです。

相手の景色を共に感じる涙

私がカウンセリングを学び始めた頃、よく注意されたことがあります。

話を聴いていてクライエントが泣くのと同じタイミングで私も泣いてしまうので、先生に「あなたが泣いてどうするの？」と注意をされました。


その当時は確かに「私がどうして泣いてるのか」と不思議でした。

どんなに我慢してもどうしても相手の感情に添ってしまい、泣いてしまうので「自分はカウンセラーに向かないかも……」と悩んでいた時期もありました。


傾聴を深く学び始めたときに、信頼していた先生から「辰さんは何を思って泣いているの？」と訊かれて、「何かを思っているわけではないのですが、相手が泣くと涙が出ます」と伝えました。


「共に感じて泣いてくれるなんて、なんて素敵なんでしょう」

先生に言われて初めてその涙が【共感の涙】だとわかりホッとしました。

相手の話を聴きながら自分の過去とリンクして「私も～」と泣いていたらアウトですが、相手の景色を共に感じる涙は共感でした。

話を聴き終えた後、私の中に涙の感情が残っていないのも自分事で泣いたわけでない証拠なのだと思います。

目と目で通じ合う世界は、とても優しい共感の世界です。

6

興味本位の質問はしない

私は、相手の話に興味を持って聞くことが大事なコミュニケーションだとずっと信じて生きてきました。相手が自分に何か話してくれたら少し前のめりで「根ほり葉ほり」訊くことが良いコミュニケーションだとも思っていました。

だから「興味から質問しない」という傾聴の姿勢に、最初は正直驚きました。聴きながら湧いてしまう「興味」をどう処理するのがいいのか困惑したのを覚えています。

自分が勝手に興味関心を持ちそこを満足させるために質問してしまうのは、相手が話したいことを自由に話す機会を奪ってしまうことになります。

とても大事なところなので例を挙げて説明します。

「母親がさぁ〜、結婚しろしろってホントうるさくて嫌になっちゃう」

友人のA子（30代女性会社員、母親と同居）がこのように話し始めたらあなたはどう返答しますか？

興味や好奇心から質問すると……

「母親との関係」「結婚」「うるさい」など、引っかかる話題に湧き上がってくる興味のまま話をしたとしたら、次のようになってしまいます。

あなた　「A子はどうなの？　結婚に興味ないの？」
A子　「仕事で疲れて帰ってきて席に着いたらいきなりよ……しかも毎日」
あなた　「え～、お母さんの心配する気持ちもわかるなぁ～。なんで結婚しないの？」
A子　「なんでって言われても……」
あなた　「結婚相談所とかさ～、積極的に行動しないと。年齢的に子どもはどうするの？」

繊細な内容であってもつい心配のあまり土足で踏み込んで「よかれ」的なアドバイスをしてしまうと、相手には「なんにもわかってくれない」「話すんじゃなかった」

という思いを持たれてしまうでしょう。

傾聴の姿勢で寄り添う聴き方をすると……

目の前の人を主人公にして、全身全霊で寄り添い「聴く」のが傾聴です。

そのためには、**自分の興味や好奇心、価値観までも後ろに置いておく**必要があります。

A子　「母親がさぁ～、結婚しろしろってホントうるさくて嫌になっちゃう」

あなた　「そっかぁ～嫌になっちゃうねぇ」

A子　「私の年齢とか気にして心配してくれるのはわかるけど……仕事で疲れて帰ってきていきなりだと、腹が立って……」

あなた　「わかっていても、疲れてると腹立っちゃうね」

A子　「もう、行動しない自分が情けなくて」

あなた　「自分が情けない？」

A子　「あ～、私、母にじゃない、わかってても行動しない自分に腹が立って」

あなた　「自分に！　すごい……気がついたんだ!!」
A子　「母ともちゃんと話してみるね」

このように、聴き方ひとつで「他責」から「自責」に変化し、クライエントが自分自身で決めていく様子は普段のカウンセリングの中でもよく見かけます。

「話してよかった」と思うような寄り添いが傾聴の姿勢にはあります。

聴き手は、勝手に解釈したり、自分の成功体験を押しつけたり、相談されるとついなんとかしてあげたくなりますが、**「相手の課題」は相手のものであって「私の課題」ではない**という距離感も必要です。

大切な人であれば、なおさら興味本位で質問し心に土足で踏み込むのはやめましょう。

7 相手の中に答えはある

私が傾聴を学び始めたのは息子が小学生の頃でした。

「聞くと聴くの違い」に驚いたり、相手の「すべてを信じる」ために自分を整える術を学んだり、「傾聴ってただうんうん静かに聴いていればいいわけではない」と知り、奥深さに愕然とした頃でもありました。

普段の生活習慣やクセで何かあるとつい「そうは言うけど本当？」とか「普通はそういうこと言わないでしょ」と一回疑ってみてから自分の正解と答え合わせをしてみるようなことをしていました。

私は、子どもの中にある答えを信じることをしてこなかったのです。目の前のわが子には心配と不安でいっぱいでした。彼の中にもたくさんの感情があったのについアドバイスやジャッジばかりを押しつけていたと思います。

前に相談にこられたお母さんが、

「子どもどころか自分のことも信じられません」と言って下を向いていました。

〝心配はできても信用しきれず、不安ばかりで尊重ができない〟

私自身、子どもを育てる段階ではいつもそこを行ったり来たりしていたように思います。息子にしたらいつも「答え」は母親の中にあって、当たり前にただ線路の上を走るような幼少期だったと思います。

そんな私がお母さんに伝えたのはただ一つ。

「お子さんをまずは信じてみましょう。信じて信じきれたらその自分を信じてあげませんか？」とだけです。

子どもとは親が決めた線路の上だけでなく、自由に好きなように歩き回り、自分と子どもの違いを楽しみながら「この子の中にこの子の答えは必ずあるね」と、そんなふうに時間を過ごせたらと願わずにはいられません。

4

大切な人の
心を守る
基本の聴き方

「ちゃんと聴いてるよ」のサイン

傾聴は、ただ「うん、うん」と聞いていればいいものではありません。

とにかくその時、その瞬間に誠心誠意一生懸命、相手に心を傾けることが大切です。

傾聴の技法とは、「本気で聴いていること」が相手に伝わることがすべてであるといっても過言ではありません。

この章では、次の①から⑦に沿って、傾聴の技法について学んでいきます。

① 相手から目をそらさない

※目からいろんな感情の情報をお互いにキャッチします
こちらの真剣具合も相手に伝わります

② 相手にわかるようにしっかりうなずく、あいづちの徹底

※心の中でいくらうんうん言っても、それが伝わらなければ相手を不安にさせます

③ 相手から出た感情の言葉を繰り返す
※感情を繰り返すことでわかってもらえている気持ちが高まります
④ 話がひと段落したら相手の話を要約する
⑤ 自己決定できたことには承認・賞賛をいれる
⑥ 質問をするときには相手に心の準備をさせる
⑦ 「なんで？」の禁止

傾聴は目の前の人が前を向くための援助です。
問題解決を目的としていません。
本人が自分の中の答えにたどりつくお手伝いです。
そこを念頭に置いて「この子の中に答えがある」と信じて寄り添いましょう。

1

相手から目をそらさない

「人と話をするときは、相手の目を見てお話しするのよ」

昔々、母から言われた言葉を、傾聴を学び始めてからよく思い出します。

幼い頃はそれにどんな意味があるかもわからずに、「そうか、目を見るんだね」と、ただ習慣のようにしていたことが本当に大切なことだったとわかったのは、【人は目から同期する】という生理学研究所と名古屋大学の研究グループの発表を知ったときでした。人と人が見つめ合い、お互いに注意を向け合っている状態では、瞬きを含む目の動きが両者間で同期するばかりか、脳活動の同期も起きるとのこと。相手から目をそらさずに聴くことの意味について、あらためて納得しました。

ついつい日常では「ながら聞き」をしてしまいます。それでも耳からの情報は入ってくるので「聞いている気」になっています。

しかし、それでは相手がどんな表情で、どんな思いで話しているかまではわかりません。

傾聴の「聴」にある【耳と目と心】で聴いてこそ、お互いに通じ合うコミュニケーションになります。

- 相手の言葉や声のトーンをしっかりとらえる「耳で聴く」
- 相手の表情や態度、呼吸の様子を話の内容に合わせて見続ける「目で聴く」
- 目と耳との情報と合わせて背景にある奥の想いを共に感じる「心で聴く」

目と目で同期するからこその共感です。

相手が顔を下や横に向けて考えながら話をされているときも私は絶対に目を離しません。ふっと顔を前に向けたときに目が合って、**「大丈夫、ここにいるからね」**という思いでいます。

あなたは、小さい子にしゃがんで話をしたことはありませんか？

共通言語を持たないワンちゃん、猫ちゃんなどがあなたと意思疎通したいとき、しっかり目を見てきませんか？

「目は口ほどに物を言う」と昔からいうようにちゃんと情報を得たい、または渡したいときには、目をそらさずに話をするようになっているのです。

子どもや家族との生活のなかでは、難しい状況もありますが、テレビやスマホから目を離し相手に顔を向けてみてください。

傾聴で話を聴くときは「相手から目を離さない」を実行します。

2 相手にわかるようにしっかりうなずく、あいづちの徹底

「私は、あなたの話をちゃんと聴いてるよ」

話し手に安心してたくさん話していただくためのカウンセラーの寄り添い態度の一つです。

横を向いたり、気持ちが入っていない空返事ではなく、しっかり前を向いて相手の話にうなずきながらあいづちを打ちます。

「うん、うん」「そう思うんだね～」「はい」

このように相手にわかるように「聴いてるよ！」のサインを入れることは、とても大事です。

通常の会話では、自分の話ばかりをし続けることは相手に失礼だと考えられています。けれど傾聴は相手が話したいことを話したいように話してもらうための技法です。

相手が遠慮して話すのをやめてしまうことのないように、肯定的な関心を持ってあ

いづちをしましょう。

とはいえ、前のめりになって「はいはい、うんうんうんうん」と相手の話のテンポをさえぎったり、話に被《かぶ》せるようなうなずきやあいづちは、かえって邪魔になります。

次の3点に注意しましょう。

① 相手が主人公だということを忘れない
② 自分は相手を映す鏡になり、「聴いてるよ〜」「大丈夫だよ〜」という思いでうなずいたりあいづちを丁寧に入れる
③ うなずきやあいづちには聴き手の感情が出やすいので、自分の価値観を後ろに置き、ジャッジメントにならないように気をつける

相手の中に答えがあることを信じて、丁寧にうなずきながら共感し寄り添うカウンセラーの姿勢こそが「この人にもっと話そう」という気持ちにつながります。

以前学んだカウンセリングの実習で、「気持ちや呼吸、声のトーンを相手に合わせてくださいね」と教えていただいたのですが、**丁寧なうなずきやあいづちを重ねてい**

くと知らぬ間に相手と同じ声のトーンや大きさになっていくことがわかりました。

「鏡のように」とはこういうことか！　と思った瞬間です。

もちろん、相手が大きな声で怒ったり笑ったりする様子に一緒に盛り上がることはしませんが、穏やかな声で話されている相手に対して、こちらが大きな声や速いテンポで返すことのないように聴くことは、その場の安心な空気をつくるという意味でも大切なポイントです。

3 相手から出た感情の言葉を繰り返す

「感情は、絶対に逃さず繰り返してね！」

これは傾聴技法の基本として外せない本当に大切な部分です。

なぜなら**相手がわかって欲しいのは事柄ではなく感情だからです。**

話は事柄（内容）と感情（声・語調・表情・態度・気持ち）で構成されています。相手が話す内容が事柄で、話の底に流れる気持ちが感情です。

話を聴いているとだんだん相手から感情のこもった言葉が出てきます。聴き手はその言葉を「同じ言葉で」「同じ語調で」繰り返します。

そうすることで相手は、自分の発した言葉を自分の耳で聴き、さらにカウンセラーからも繰り返されて、内省が深まります。

話し手　「意地悪されて嫌だった」

聴き手　「嫌だったんだねぇ」
話し手　「一緒に遊べて楽しかったぁ～」
聴き手　「楽しかったんだねぇ」
話し手　「そんなふうに言われて悲しかったんだ」
聴き手　「悲しかったね」

このように、相手が使った言葉をそのままのトーンで返してあげると、話し手は「あ～、私はそういう気持ちだったんだ」と今一度自分に向き合える時間になります。それと同時に、この人には自分の気持ちをわかってもらえるという安心にもつながります。

感情を繰り返す技法は、シンプルですがとても効果的な聴き方でもあります。

傾聴には相手との信頼関係を構築し維持する効果があるのですが、こういった一つ一つを確実に遂行することで「この人にだったらもっと話そう」と信頼していただけるからです。そう思わなければ、相手は表面的な話しかしてくれません。

何か大事な話をしようとしているとき、相手は不安でいっぱいです。

だからこそ、聴き手の様子にもとても敏感です。目の動き一つで相手には、「本音を話そうか？」「なんかつまらなそう」「この人で大丈夫なのか？」「何か文句を言いたそう」「これ以上言うと否定されそう」「自分が傷ついたりしないだろうか？」といろんな思いが巡るのです。

しっかり相手から出た感情を丁寧に拾って渡すことで話もどんどん進みます。

子どもとの会話の中で感情にフォーカスする

私たちは普段、事柄に振り回されて生きているといっても過言ではありません。

だからこそ、**できるだけ感情にフォーカスすることに意味がある**のです。

たとえば、子どもが次のように言ったとします。

「お母さん、ちょっと聴いて！　今日ね、目の前で交通事故があってね！　救急車も来て友だちと驚いて大騒ぎになったんだよ〜」

「事柄」にフォーカスして聴いた場合、次のような反応になりがちです。

「えええ〜！　どんな交通事故？　車と車？　どこで起きたのよ！」

一方、「感情」にフォーカスして聴くと次のような反応になります。

「えええ〜！　〇〇ちゃん、驚いたねえ……。友だちも大丈夫だった？」

目の前の人の話を聴くとき「どんな気持ちだっただろう」と思いを馳せること。大切な人への愛が伝わるかどうかは、聴く側の視点のちょっとした置き方次第なのです。

4 話が一段落したら相手の話を要約する

相手の話を要約する目的は、次の通りです。

①話した内容をもう一度相手と確認し合うことで、大切な部分がより鮮明になる
②相手にちゃんと聴いてもらえたという安心を渡せる
③自己決定の上、話が先に進む

傾聴カウンセリングでは通常2時間お聴きするようにしていますが、要約のたびに「よく覚えてくれてましたね」「こんなにちゃんと聴いてもらったのは初めてかも」と驚かれます。

次に、カウンセリングの場面ではない家族や子どもを傾聴する際の実例を挙げます

ので、要約のコツをつかんでください。
ポイントは次の4点です。

① 相手の使った言葉を使う
② 相手から出た感情を押さえ、事柄に振り回されないようにする
③ 要約しながら自己決定ポイントに承認・賞賛を加える
④ 最後に「〜とお聴きしましたが、大丈夫ですか？」と相手に委ねる

④に対して「はい」や「いいえ」の返事がもらえます。そこからまたすり合わせながら話は先に進みます。言い直しをしてくれる場合も大事です。

要約の実例（親子の場合）

子ども（M）「お母さん、あのね」
母親　「ん〜なあに？」
子ども　「バスケ部で夏の合宿があるのは知ってるよね」

母親「うん。合宿費も払ってあるわよ」

子ども「ん〜〜〜」

母親「どうした？」

子ども「今日、部室に行ったらみんなお揃いのTシャツもらっていて、それを夏合宿で着るんだって〜。……私だけ夏合宿でTシャツを揃えるの教えてもらえてなくて……」

母親「うんうん」

子ども「先輩はA子に伝えるように頼んだって言うんだけど、A子は言ってなかったっけ〜？ って言うし、もう合宿に間に合わないし（泣）」

母親「Mちゃんが部室に行ったらみんなお揃いのTシャツをもらっていて、何かと思ったら今度夏合宿で着るもので、その話も聞いていないし、先輩に聞いたらA子さんに伝えるようにって言ったのにA子さんには言ってなかったっけ〜って言われて、もう合宿にも間に合わないという話でよかった？」

子ども「うん……お母さんどうしよう」

母親「Mちゃんはどう思うの？」 ※質問には質問返しをしてみる

子ども　「ん〜、A子には腹が立つ！　だけど先輩が確認してくれなかったのも悲しくて、一人だけお揃いじゃないのを着て合宿に行くのも……、そんなにバスケ上手じゃないし、スタメンでもないし……」

母親　「教えてくれなかったA子さんに腹が立つし、先輩にも悲しい思いがあるのね」

子ども　「うん……」

母親　「ねぇ……Mちゃん、お母さんに何かお手伝いできることない？」

子ども　「お母さんに……？」

母親　「お母さんはMちゃんの味方だよ、よく考えてMちゃんが決めたことを応援するから」

子ども　「夏の合宿は……行きたくない、面白そうじゃない。だけど合宿代が無駄になっちゃうなぁ」

母親　「どうする？」

子ども　「ん……お金のことだけ顧問の先生にお母さんから訊いて欲しい」

母親　「いいよ」

子ども「A子と先輩は無視するからもういい」

母親「合宿のお金のことだけ先生にお母さんが訊いて、A子さんや先輩はそのまま無視するって決めたのね」

子ども「うん、いい！　ほかにも友だちはいるし、もういい。決めた」

母親「そっか！　自分で決めたのすごいよ〜。何か困ったらまた話してね」

親は子の自己決定を応援する係

通常のカウンセリングと違い近親者の話を聴くのはとても難しいです。なぜなら背景を知っているために同一視してしまいそうになるからです。

子どもの痛みが自分の痛みになり、親が自分の方法で解決したくなるのはある意味当然かもしれません。

要約の実例は私の娘が高校1年生のときの私とのやりとりです。

長男のときの失敗を胸に「私がなんとかしなきゃ」から外れて、親子の課題の分離を意識して次男や長女を育てました。

子どもには子どもの課題があり、私には私の課題がある。

子どもには子どもの解決方法があり、大人である私の解決方法がすべてではないと思い知った経験から「見守る・お手伝い・サポート」に徹することにしました。

以前の私だったらすぐに学校に電話をして、部活の顧問に「いったいどういうこと!!」と問いただしその子たちを説教してもらい、あわててTシャツを作らせていたかもしれません。

娘は夏合宿に行かないと決め、時間が解決してくれる方を選んだのだと思います。もしかしたら娘が先に先輩やA子さんに何かをやらかしていたのかもしれず、娘がその後どのように解決したのかも知りません。ただ高校生活はアルバイトや推し活や仲間や友人と楽しく過ごしていたのは確かです。

親は「子どもに自己決定させ」、それを応援する係に徹します。

近親者への傾聴はそこに軸を置いて聴くことが大切です

5 自己決定できたことには承認・賞賛をいれる

「自己決定」と聞くと多くの方が人生の大きな決断をイメージされるかもしれませんが、実は**私たちは一日に最大で3万5千回もの「選択」を日常的に行っている**といわれています。

たとえば、「今日のランチは何を食べようかなぁ？」という時。

サンドウィッチにしようかな？　ラーメンにしようかな？

そこでラーメンと決めたのも「あなた！」です。

たとえお友だちに誘われたからパスタにしちゃった……という理由であっても、その誘いに乗るか乗らないかさえ最終決断はあなたがしています。

もちろん、自分はラーメンと思っていたとしても、友人の誘いに乗ることに何らかの「メリット」を感じて「自己決定」しているわけです。

自己決定力とは、「自己の意思や願いに基づき、主体的に決定すること」。

２０１８年に神戸大学で行われた「幸せの計り方」というシンポジウムで、国内2万人に対するアンケート結果が発表され、自己決定は、所得、学歴より人間の幸福感に強い影響を与えていることが明らかになりました（1位　健康、2位　人間関係、3位　自己決定）。

自分で人生の選択をすることで選んだ行動への動機づけが高まり、満足度もあがるとされています。

特に日本では「人生選択の自由」が諸外国に比べて低いといわれ、そういう国民性や文化だからこそ自己決定が幸せ度により結びつくのもわかる気がします。

親の「よかれ」が子の決断を奪ってしまう

私はといえば、初めて産んだ子が「心室中隔欠損症」という生まれつきの心臓病を持ち、入退院・手術を重ねるたびに「この子を死なせてはいけない」「この子を悲しませたらいけない」「この子を守って生きる！」、そういう思いが自分の使命のようになり、かなり簡単な自己決定までも息子から奪ってしまったと後になって反省をしています。

〝親の「よかれ」で決断する機会をお子さんから奪ってしまっていないか〟

いま一度考えてみてください。

お子さんの自主性に任せられるものであれば手や口を出さない。

「あなたはあまり食べないからこれにしなさい」とか、「明日は寒くなりそうだからセーターを着て行きなさい」とか。

また選択肢を親が二つにして「どっちにする？」と訊くのも、結局は親が二つのうちどちらでもいいと思っている場合に使う方法でしかありません。

親の意見や考えをただ押しつけるのではなく、「明日は寒くなりそうだけど、あなたはどう思う？」と子どもなりの考えを聴くのも大事です。

「どう思う？」のように一度思いを聴いてあげて、子どもが出した決断を応援し見守る姿勢でいることが大事です。

子どもが「自分で決めた」ことが何より大事

最初にお伝えした通り意識しなくても普段から自己決定はたくさんしています。

大事なのは「意識して決める」ことなのですが、なかなか日常では意識して決められません。

「今、自分で決めた」ことに**「自分で決められてすごいじゃない！」**と承認・賞賛をいれてあげると、子どもは自分で決めたことに自信がつきます！　そこが大事です。

何より「自分で決めた」ことが大事だということを忘れないでください。

お子さんがやってみてうまくいかなかったときに、「ほら！　言ったこっちゃない、お母さんの言う通りにしないからよ」などとつい言ってしまいがちですが、それこそお子さんを依存させたり、誰かの管理のもとにいないと不安な子にさせてしまうかもしれません。

失敗は貴重な経験です。親御さんがそばにいるうちにたくさん経験させてあげましょう。

「じゃあ、次はどうしたらいいと思う？」と、まず親が失敗はダメなことと思わないような意識改革が大事です。

お子さんが自分の人生の選択を自分で実行していけるよう、自己決定できるチャンスを増やしてあげてください。

6 質問するときには相手に心の準備をさせる

第3章で、傾聴する際には「興味本位の質問はしない」というポイントをお話ししましたが、話を聴いていくうちに、質問が必要になることもあります。
ここでは、質問の仕方について説明しましょう。

質問には二種類ある

質問には「閉ざされた質問」と「開かれた質問」の二種類があります。

【閉ざされた質問】
相手が「はい」「いいえ」、あるいは一語か二語で答えられるような質問のことです。
聴く側の興味や意図で情報を聞き出そうとする質問です。
たとえば「○○は好きですか?」「ご兄弟はいますか?」「出身はどちらですか?」

などが挙げられます。
相手が話している内容と関係がないのに、聴く側の価値観で質問するのはやめましょう。ただし、傾聴の場ではなく、初めて会う人同士の交流の場（お見合いなど）では、「あなたに興味があります」と伝えるために有効な場合もあります。

【開かれた質問】

答える内容を相手に委ねる形の質問です。応答が長くなり、相手が自由に、主体的に発言できます。

具体的には、「どのように感じましたか？」「具体的に話してもらえますか？」など、「何（What）」「なぜ・どうして（Why）」「どのように（How）」という問いかけになります。

たとえば、話していても感情がなかなか出てこないタイプの人には、ゆっくり聴いた後で「今、どんな気持ちですか？」と今の感情について質問してみます。すると、過去の話であっても、話をしている今の気持ちを大切にできるきっかけになります。

また、何度も同じワードが出てくる場合は、「そこのところを具体的に聴かせていただけますか？」と質問すると、より詳しく掘り下げて話をしてくれます。掘り下げた先に、大切な感情が隠れている場合があります。

質問はしっかり相手の話を聴いてから

質問する際に注意したいのは、誘導尋問にならないようにすること。そのためには、しっかり相手の話を聴きながら質問することです。質問の仕方によって、得られる返答内容も違いますから、効果的に活用しましょう。

①「何」を尋ねる質問は、事実や事柄に関する情報が得られます。
「それって何？」に対しては、物の説明をしてくれます

②「なぜ？」「どうして？」を尋ねる質問は、相手を防衛的にします。
「なんでそうしたの？　どうして？」には、言い訳しか返ってきません

③「どのように」を尋ねる質問には、主観や行動、意味を話してくれます。
「どうしたらいいと思う？」と尋ねれば、相手は自分の考えを話してくれます

また、質問をするときには「ちょっと質問してもいい？」「ちょっと訊いても大丈夫？」と相手に答える準備をしてもらうとスムーズです。いきなり質問をぶつけると面倒くさがられることもあります。

しっかり相手の話を聴き、関係性ができてから、**興味本位ではない、相手の心の奥に届くような質のよい質問をしましょう。**

7 「なんで？」の禁止

質問には二種類あると前項で説明をしていますが、この「なんで？」という相手を窮屈にする質問に関して私は、普段の会話から気をつけてなるべく使わないようにしています。

「なんで？」という問いの裏側には「予定外で悲しんだり、怒っている自分」がいるように思います。

私自身のことをいえば自分から望んでシングルマザーになったのですが、当時のことは今となっては記憶にないほど忙しく毎日が過ぎていきました。

30代後半で離婚した私は、11歳長男・8歳次男・4歳長女と4人でアパートに住んでいました。上の2人を学校に送り出し、長女を保育園へ連れて行ってから仕事場へ向かうという毎日は予想以上に大変だったと思います。

疲れて帰宅し玄関を開けたときに、子どもたちが部屋を散らかして大騒ぎで兄弟ゲンカでもしていたら「ただいま」も言わずに大きな声で怒鳴っていました。

「あんたたちは、なんで片付けもできないの！」

「なんでケンカなんてしてるの！」「なんでお兄ちゃんなのに！」

「なんで約束したのに！」「ママが疲れてるってなんでわかってくれないの！」

私の帰りを待って、遊んでいるうちにケンカになってしまった子どもたちをただただ責めて泣かせてしまうという失態を何度も経験しています。

子どもへの【なんで？は禁止】

「なんで？」という問いには「言い訳しか返ってきません」。

子どもたちを問い詰めても「今やろうと思っていた」とか「悪いのは兄ちゃんだ」とか、まったく解決に結びつかない回答しか返ってきません。

イライラもマックスです。

そんなとき、傾聴で学んだ「質のいい質問」をクライエントだけではなく、子どもや職場においても使っていこうと決めました。

まずは、ひと呼吸置いて「ただいま」と元気よく言おう！

駆け寄って「おかえりなさい！」と私に抱きつく子どもたちにまず言うのは、

「お留守番ありがとうね、今日はどうだったの？」。

片付いていない部屋については、

「ママが帰ってくる前にお片付けしてもらえると、すぐにご飯が作れて助かるなぁ」

「どうしたらいいかねぇ〜」

と段階を踏んで解決策を一緒に考えるように心がけると、やみくもに子どもたちにあたることも少なくなりました。

私の中でずっとしている自分への約束の一つです。

【なんで？は禁止】で関係性が抜群に良くなります。

自分に対しても【なんで？は禁止】

そして私は自分への自問自答でも【なんで？を禁止】にしています。

「なんであんなこと言っちゃったんだろ」

「なんでできなかったんだろ」

「なんであの人はあんな態度だったんだろ」

そうです。いくら自分に問いかけてもどんどん妄想の沼にはまるばかりです。**なんでと言いたくなる奥の気持ちを探ってみると、そこには必ず隠れた自分の気持ちがあります。**

- なんであんなこと言っちゃったんだろ→悪いことしたな。後悔してる
- なんでできなかったんだろ→悔しい思い
- なんであの人はあんな態度だったんだろ→悲しい、怒り

相手にもそうするように自分の気持ちを丁寧に拾うことで「じゃあ、どうしたらいいんだろう」と自分の中の解決策を自分で見つけることができるようになります。

【なんで？は禁止】ですが、つい出てしまうこともあります。そんなときは、いったん踏みとどまって「なんでって言っちゃった」くらいで流しましょう。

自分の奥の気持ちをつかんで大切な自分もわかってあげてくださいね。

「悪いことしちゃったと思ってるんだ私」

「悔しいんだね」

「悲しかったね」

このように一度、湧いた感情を心の中で繰り返すだけで妄想の沼から抜けられます。

自分の思いや感情を大切にすることはメンタルヘルスケアにもつながります。

5

親子がもっとラクになるコミュニケーション法

子どもとの価値観の違いにOKを出す

「同じでないといけない、はみだしたらいけない」

人と違うことをするのは、ダメなことのように思って私は育ちました。人の目、世間の目、それがどこにあるのかはっきりしないなか、そこばかりに囚われている自分って一体なんなんだろうとよく思ったものです。

長男の不登校やいじめの問題のときも、「みんな学校に行けるのに、なんでうちの子だけ行けないんだろう。私の育て方の問題なんだろうか？」と悩み、いろんな場所へ相談に行き、アドバイスされたことを試しても結果が出ずに落ち込む日々でした。

「誰かの成功体験をいくらマネしても私の成功体験にはならない」

そう思いカウンセリングの勉強を始めて、そこで得たたくさんの学びが私と息子を助けてくれました。

傾聴の寄り添いにも、正解はカウンセラー側にありません。答えはクライエントが持っています。同じような体験をしていても、それによりどんな気持ちが湧いたのかは一人一人違って当然です。**一つとして同じ感情はない**ということが腑に落ちてとても楽になりました。

最初からみんな違うから、同じを求め、そこで安心したいのだということがわかったとき、私は子どもと私の価値観の違いにもやっとOKが出せました。同じでいたかったのは私の方で息子はすでに「自分の答え」にたどりついていたわけです。

違うって面白い！

私は、自分と全然違う視点を見つけたら、相手を否定して自分を正当化するのではなく、まず自分の中になかったその考えを面白がるようにしています。

「違うって面白い！」と思うと、否定も肯定もせずにいられてなおかつ自分の視野が広がる感じがします。

「あなたはそう思ったんだね、私はこう思ったよ」

「お母さんはこう思ったんだけど、あなたはどう思う？」

「へぇ〜〜〜。そうなんだね。面白いなぁ〜」

相手の答えを尊重しながら自分の感じ方を変える必要もないコミュニケーションの取り方を大切な人だからこそチャレンジして欲しいと思います。

一人一人の感覚に間違いはないことを頭に置いて、人からの否定を怖がらずに「私はこう思う」と胸を張って伝えてみましょう。みんなの正解はみんなの中にあります。

「私だったら」から「あなただったら」の視点へ

「あなたは、大切な人にプレゼントを用意することが得意ですか？　不得意ですか？」

プレゼントに関してはいただく側の思いが多種多様です。相手の求めに応じる形を基本にしている方も多いと思います。

でも、そこを考慮せずちょっと考えてみてください。

私は昔から人にプレゼントをするのが好きでした。

必ず喜んでいただけるという根拠のない自信があり、「身近な人にプレゼントするものを考えてください」と言われたら、相手の笑顔を想像しながら「Aさんには、これ！」って即決できます。

それを講座の中で受講生に伝えたら、半数以上の人が「自信がない」と答えられ驚いたことがあります。

私は、常日頃から相手を【洞察】する習慣が身についていて、その人の興味、趣味嗜《し》好《こう》を事実として洞察していることに気がつきました。

「青色が好きなんだ」「トマトが好きなんだ」「あ～お財布、壊れたんだ」「スカートは嫌いなんだ」「日曜日は早く寝るんだ」など、事実を「点」として持つことを重ねているので、プレゼントと言われたら「今は青いお財布だなぁ」っていくつもの点が線になって頭に浮かびます。プレゼントは、相手をしっかり洞察して用意するに限ります。

そして**大事なのは「あなただったら～」という視点です。**

もし、あなたがプレゼントをして喜んでもらえなかったとしたら、「私だったら～」という視点が少し強い可能性があります。あなたが欲しいもの、あなたの良いと思ったものをふんわり【妄想】してプレゼントしたのかもしれません。

洞察したものは事実です。妄想したものは事実ではありません。

普段から相手を洞察し、事実を重ねて、勝手に妄想せずにプレゼントしたら喜んでいただけると思います。

愛のあるコミュニケーションは「洞察」から

傾聴では洞察がとても大事です。初めてお会いするクライエントさんも多いので、私は、カウンセリングを始める前に行動ややりとりを通して洞察します。

ドアを開けた瞬間の様子、挨拶の仕方、靴の脱ぎ方、座る場所を案内したときの反応、水かお茶かの選択など。そしてカウンセリングで「だらしない人にイラッとしてしまう」とお話があれば、洞察のなかから「先ほども靴を揃えて入られたり、普段から丁寧に対応されているんですね」とお伝えするときもあります。

自分を見ていてくれるという安心が信頼につながり、「あ〜だからイラッとするのか」と自分を客観視するきっかけになることもあります。

肯定的に相手に関心を持つにも「洞察」は、とても大事です。

会食の注文時に「辰さん、きゅうり好きですよね」って注文をしてくださるだけで、好意的な気持ちになるのは確かです。

大切な人ほど自分をわかって欲しい気持ちが先に立ちますが、ひと呼吸置いて、「私だったら……こう思う」から「あなただったら……」と相手に思いを馳せることから、愛あるコミュニケーションは始まります。

ご家族の中でもそうです。

「お母さんはこう思うけど、あなたはどう思う？」

「あなたはこう言ったけど、私はこう思うんだよ」

親子でも違う人ですから、お互いを尊重し合うためにも同じ答えにすることを目的にせず、どんな思いでいるかを確認し合うことが大事です。

介入しない愛――子どもの課題に踏み込まない

「課題の分離」という言葉をご存じですか？

アドラー心理学で有名な言葉ですが、私は何か問題に直面したときにひと呼吸置いて、「これは誰の問題なの？」と自分に向かって質問するようにしています。

私たちは普段から、大切な人への思いが強いほど、他者の課題なのにもかかわらず、相手への「介入」をしてしまいがちです。

他者の課題には、介入せず、自分の課題には、介入させない。

私はここに、大きな「しない愛」を感じます。

子どもに対してついしがちな「〇〇しなさい」「〇〇したら？」といった命令や誘導は、相手を思ってのことではありますが、他者の課題に介入する**「縦の関係」**が背後に見え隠れし、相手を自分より低く評価している場合に起こりがちです。

過去、私も子どもたちにはたくさんの介入をしてきたと思います。

「お風呂に入りなさい」「勉強しなさい」「急いで！」「早く早く！」など、それがしつけや親としての正しさだと思っていたのか？　言うことを聞いてもらえる優位な感じが気持ちよかったのか？　なぜそんなに自分の意図する方向にコントロールしたかったのか？　愛情表現だと思っていたかは定かではありませんが、過ぎた心配からの善意の働きかけは、子どもの課題に親が土足で踏み込む行為だったと気づきました。

「介入」ではなく「援助」を

そうは言っても、子どもが目の前で困ったり苦しんだりしているのに、「それはあなたの課題だから私には関係ない」と放置できますか？

そういう場合には「介入」ではなく、「援助」という形に変化させることです。「縦の関係」ではなく、援助という**「横の関係」**を意識する——そのように思考のクセを見直すだけで関わり方は変わります。

たとえば「宿題」であれば、これは子どもの課題だとわかった上で、親としてできる手助けは何かを考えます。それは、宿題を一緒にすることではなく、子どもの意思を確認した上で、夜食を作ったりなど環境を整えることかもしれません。相手を尊重することを大前提に、自分のできる援助を考えることが大事です。

私は、長男が心臓病を持って生まれたため、心配で片時も目が離せず、「辰さん、少し過保護じゃないですか？」と親や学校の先生に言われたことがあります。

もちろん、まだ話もできない子どもに対して親が介入しないで育てるのは無理がありますが、「この子はこういう子だ」と勝手に決めつけて、これからどんな成長をするのかもわからない子のできることの幅を狭めていたなぁ〜と思います。

彼は、彼なりの速度で日々自分をちゃんと更新し続けてきていたのに、「今」を見ずに「過去」の履歴にばかり振り回されていました。

子育ての「主人公」は本人です。彼らがどう生きるかを決めるのは、本人です。

では、親としての課題はなんでしょう。

子どもが、自分以外の誰かに命令や誘導、管理コントロールをむやみに受けずに、自分で選択しながら生きられるようになること。そのために親が子どもにできる最大限の援助は、**「すべての答えはあなたの中にある。私はあなたを愛している」**ことを、届く言葉でちゃんと伝え続けるだけでいいんです。

傾聴の学びのなかで確信となった【介入しない関係性】。そこにも愛がありました。

心配ではなく、信頼でつながる

イネーブラー（enabler）には、支える人・後押しする人という意味があります。
「あなたは彼（長男）のイネーブラーですよ」と知り合いの心療内科医から言われて、私は初めてこの言葉を知りました。

その当時の私は、まさに息子の尻拭いをしている状態でした。夜な夜な友人からの誘いに家を出て無賃乗車や万引き、窃盗を繰り返す息子を、警察に捕まっては迎えに行き、私が代わりに被害を受けたお店に謝罪や弁償をし続けていました。

家にある金目の物や、次男や長女の大切にしているゲームやCD、本まで彼に勝手に売られてしまい、「部屋にカギをかけたい」と子どもたちに言われる毎日でした。「頭からすべてを疑うのはよそう」と彼らに言いながら、奥歯を嚙んで、自分自身にも言い聞かせていました。

私は息子のイネーブラーだった

共依存という言葉をご存じですか？

もともとは、アルコール依存症の夫に悩む妻の状態を表す際に使われていた言葉で、「他人に必要とされることを必要としている状態」といわれます。**本人がとるべき責任を肩代わりし続けることで、本人が引き起こした問題に直面しなくてすむようにする**、この行動を「イネブリング」といい、それをする人を「イネーブラー」と呼びます。

警察から電話が入り、真夜中でも迎えに行く↓彼をぶん殴り激怒する↓泣きながら私に謝る↓「もうしないでね！」と許す↓彼の代わりに弁償に回る↓また万引きをする……これを何回も何回も繰り返して、息子は私に謝罪した後、「罪悪感」といつも闘い、自傷行為に走っていました。

それでもまた悪事を繰り返す彼の、私は完全なるイネーブラーでした。長男が私を必要としている状態、その関係性を必要としていたのはほかならぬ私だったのです。

私はまさにその負のループにはまり、これが親として世間様に対して当たり前の責任のとり方だと確信し、そこに自分の存在意義を見いだして行動していました（今でも親の責任だと思うところはあります）。

長男のこの状態をなんとかしようとするうちに、「愛しすぎる人」と「愛される必要のある人」という共依存の関係が深く根付いて抜けられなくなっていたと思います。

負のループから抜け出すために

私が息子への「愛」だと思っていた尻拭いは、「彼の悪事を応援する形になっている」と心療内科医の友人に言われて、初めてそこに気がついたとき、私は覚悟を決めて尻拭いをやめました。

「どうしてそんなにお金が必要なの？」と、ある日さんざん息子を問い詰めて理由がわかったときは、本当に驚きました。

「パチンコがしたい」

息子が起こす問題行動の裏には、彼の「賭博依存症」がありました。

友人のすすめで横浜にある依存症専門病院へ行き、グループワークを繰り返すなかで彼自身が自己理解を深め、自分で家族に迷惑をかけない生き方を選択できたことが、負のループから抜け出すきっかけでした。

依存や共依存の克服のためには、今の自分の思いを安心で安全な場で開示し、聴いてもらうことがとても大切になります。**「主張をする」「自己決定を意識する」「自分を好きになること」**を傾聴により意識できると、心配や不安で人と心の穴を埋め合うことが必要でなくなります。

心配ではなく、信頼で大切な人とつながりましょう！

相手を傷つけない「Iメッセージ」で伝えよう

「本音」と「たてまえ」などとよく言いますが、「本音」にも実は二種類あります。「偽の本音」と「本当の本音」です。

「たてまえ」は、社会生活において人間関係の潤滑油のような役割を担い、人と人とのぶつかりを避けたり、和らげたりするなど、とても大切なコミュニケーションツールです。

しかし、「たてまえ」にも限界があり、関係性が深くなればなるほど「わかって欲しい」気持ちが募ります。

人間関係で悩みを持つ人の多くは、その**「わかって欲しい」と言えない部分を本音とし、「わかって欲しい」感情にフタをして生活をしています。**

「わかって欲しい」という感情は「わかってもらえていない」感情とセットです。

心の奥の「わかってもらえていない」という悲しい気持ちにフタをしているのは、

「怒り」の感情です。

心理学では、「わかってもらえていない」ことで最初に起こる感情を一次感情、それに対してさらに起こる感情を二次感情といいます。この場合、一次感情は「悲しみ」で、二次感情は「怒り」です。そして、この怒りが「偽の本音」です。

相手にぶつけたい怒り（偽の本音）のフタを開けると、その奥の奥には、「本当の本音」が必ずあります。通常はフタをしていることにも気がついていないので、モヤモヤを丁寧に吐き出すことが大切です。

「偽の本音」は「あなた」を主語にする「YOUメッセージ」

「偽の本音」は別名「YOUメッセージ」です。「あなたは」を主語にして、相手に向かってぶつけるメッセージをいいます。

「YOUメッセージ」は、それを言うとケンカになったり、言い返されたりするのが予測できるため、なかなか言えずに心の奥にしまってあることが多いです。

「YOUメッセージ」を発するのは、いい加減たてまえではいられなくなったときや、あまりにも相手が自分のことを理解してくれない関係が続き、「今度は言ってやろう」「次ははっきり言おう」と心にモヤモヤがたまっている状態です。

「本当の本音」は「私」を主語にする「Iメッセージ」

では、「本当の本音」とは何でしょうか。

自分の奥にある本当の気持ちが「本当の本音」です。「私」が主語になるため、「Iメッセージ」とも呼ばれます。

自分の奥にある気持ちの告白であって、相手に向かっていないため、誰かを傷つけることはありません。

ただ、自分で「本当の本音」を見つけるのは、とても勇気が必要です。どんな奥の気持ちが出てくるのか予測がつかないため、防衛本能で心にフタをしている可能性があります。わかってくれないとか、気がついて欲しいなど、相手に向かって放つYOUメッセージの奥には、Iメッセージが必ず隠れています。

「本当の本音」は、本人がそれに気づき、ただ相手に伝えるだけで、問題は何一つ解決しなくても、置き去りにしていた感情が慰撫《いぶ》されます。相手も、あなたの奥にある素直な温かい気持ちに触れて、何かのときに配慮してくれるようになるでしょう。また、**自分の「本当の本音」（奥の気持ち）を大切にすることで、目の前の人の奥の気持ちも大切に思えるようになります。**

聴くときは、「偽の本音」に惑わされずに、相手の「本当の本音」に旗を立てながら聴くことがとても大事です。

「たてまえ」「YOUメッセージ」「Iメッセージ」の例

帰宅時間の約束を守らない子どもに対する母親の対応を、「たてまえ」「偽の本音（YOUメッセージ）」「本当の本音（Iメッセージ）」でそれぞれシミュレーションしてみましょう。

【たてまえ】

母親　「あれ？　今日8時に帰ってくるって約束しなかった？」

子ども　「そうだった〜？　忘れてたかも〜」

母親　「忘れてたならしょうがないかぁ〜」

母親は、とてもイライラしていたにもかかわらず、気持ちを抑えてとりあえずその場の空気が悪くならないようにしています。子どもも怒られずにホッとしています。

しかし、これでは約束を守ってもらえません。

【偽の本音（YOUメッセージ）】

母親の胸の内です。

「私が約束を守らない人を苦手だとわかっていて、どうして守ってくれないの！　あなたが小さいときからいつも、人との約束は大切にしなさいって言ってきたのに無視するんだ！　親をなんだと思ってる？　ふざけるな！　待っている身にもなってごらん！　守れない約束をするな！」

ここまで言うと、反抗期の子どもとの関係が今以上に悪くなるかもしれないため、言えずにモヤモヤしています。

【本当の本音（Iメッセージ）】

「どうして私は、約束を守ってくれない子にこんなに腹が立つのだろう」

「あの子にだって何か理由があるかもしれない」

母親は、自分の奥の気持ちを掘り下げていくことで、「Iメッセージ」にたどりつきます。

- 親を無視する態度がムカつく↓悲しい
- 帰宅時間が遅くなることへの心配↓親の気持ちをわかってくれない↓悲しい
- 怒りをYOUメッセージとしてぶつけることで、子どもの機嫌が悪くなり、余計に反抗的になる↓悲しい
- 娘の気持ちがわからない↓不安

自分の中に湧き上がった感情、「ムカつく、悲しい、心配、不安」などを受け入れると、奥にある大切な自分の思いをつかむことができます。

奥の気持ちは「私は、ただ大好きな子どもと笑って過ごしたい」それだけです。

もし母親が、怒りではなく**「私は、ただ大好きなあなたと笑って過ごしたいだけ**

で、今の状態は悲しい」とIメッセージで伝えれば、子どもの態度も変わってくるのではないでしょうか。

相手に伝えたければ、YOUメッセージではなく、Iメッセージとして自分の思いを告白することです。そうすることで、関係性が変化してきます。

アサーション──自分の気持ちをきちんと伝える

「何回言ったらわかるのよ！」

つい声を荒らげてしまうこと、ありませんか？

特に子どもには、何回も何回も「伝えているはず」なのに、同じミスを何度も繰り返すばかりで腹も立ちます。丁寧に説明したあの時間はいったいなんだったんだろう……と悲しくもなります。

そうなんです！　その言葉が子どもに【刺さっていない】から忘れられてしまう。もしかすると強い口調で上から言うので、相手は傷つかないように心を閉ざしている状態かもしれません。

言葉は伝える側に責任があると私は思っています。こちらサイドからの投げかけで相手がキャッチしやすいように言葉を渡さなければ受け取ってはくれないのです。

「アサーション」を知っていますか？

アサーションとは、私が以前キャリアコンサルタントの仕事をしていた頃に、臨床心理学者の平木典子さんから学んだコミュニケーションスキルの一つです。アサーションはアメリカ発祥の心理療法ですが、平木さんが日本人に合う形で紹介して日本でも広がりました。今では企業や学校などさまざまな場所でアサーション・トレーニングが行われています。

アサーションとは、【相手に伝わる自己主張・率直な自己表現】のことです。

きちんと伝えるために大事なことは次の3点です。

① 自分の気持ちをありのまま受け止める
② その思いや気持ちを三直（正直・素直・率直）に表現する
③ 伝えた後の影響について相手を思いやる準備をする

ただ事柄だけを投げつけても相手は受け取りにくいので、自分の気持ちや思いを言葉にのせて丁寧に渡すことが大事です。

三種のコミュニケーションの例

コミュニケーションのパターンには、次の三種があります。食事中にスマホを見ながら食べる息子に対しての反応パターンの例です。

①「食事中なんだから！　スマホを見るのをやめなさい!!」と取り上げる勢いで言うパターン（アグレッシブ）

②「……ご飯中よ……スマホばっかり……（イライラ）」と関係が気まずくなるようではっきり言えないパターン（日本人に多いノンアサーティブ）

③「あのね、スマホなんだけどね、お母さん○○君と話したいし、ご飯のときはなるべく見ないようにしてくれると嬉しいな」（アサーティブ）

③では、事実→事実に対する気持ち→どうしたいか→それをしてもらったときの自分の感情を伝え、相手が行動してくれたら素直に喜びます。

①のようにアグレッシブな表現は、自分のことを中心に考え、相手のことはまったく考慮していません。相手を委縮させ嫌な気持ちにさせるだけです。

②のようにノンアサーティブな表現は、自分の感情を押し殺して相手に合わせて配慮している態度ですが、気持ちを抑え続けていると不満が募ります。

相手に対して「やってあげた」「譲ってあげた」という恨みがましい気持ちが残り、それは相手にも伝わります。自分の気持ちに率直でもなく、相手に対しても率直ではありません。

③のようにアサーティブな表現は、**相手に伝わりやすいように伝える自己表現として、相手も自分も気持ちのいい表現です。**自分の気持ちを素直に伝えることがコミュニケーションでは大事なスキルの一つです。

人は事柄で行動するのではなく、その人の気持ちが伝われば行動してくれる存在です。

「言って気持ちのいい言葉・言われて気持ちのいい言葉」として心に留めておいてください。

そして、相手には相手なりの気持ちも考えもあります。どんなにアサーティブに表現したとしてもすぐに思い通りに行動してくれるとは限りません。

お互いが率直に意見を出し合えば相手の考えや価値観に賛同できないことも出てくるでしょう。

そのとき、**攻撃的に相手を打ち負かしたり非主張的に相手に無理やり合わせるのではなく、お互いが歩み寄って一番いい妥協点を見つけること**が、目指すべきアサーティブな在り方です。

きちんと伝えて、きちんと受け取るコミュニケーションは心をつなぐポイントになります。

6

相手の話を聴ける自分になるために

カウンセラーの態度として必要な三条件の一つ「自己一致」とは

相手の心の奥をそっと触らせてもらうためには、「聴くための技法」を習得するだけでなく「聴くための自分をつくる」必要があります。

ここが「聴く」ことの最も難しいところであり、最も大切なポイントです。

いくらうなずいても、いくら感情を拾っても、いくら話を要約して返しても、「相手の中に答えがある」と本気で信じきれていなければ、ただ形だけの「聴く」で終わってしまいます。

自分の価値観を前に出さず、すっかり後ろに置けるように、自分の心の奥もしっかりつかんで整えておくのが、一番難しいことです。

あるべき自分とあるがままの自分が一致

「聴くための自分づくり」についてお話しする前に、第3章で紹介したカール・ロジャーズの「カウンセラーの態度として必要な三条件」の「③自己一致（純粋性）」についてて説明しましょう。

「自己一致」とは、自己概念（あるべき自分）と自己経験（あるがままの自分）が一致している状態を指します。「純粋性」ともいいます。

もう少しわかりやすく言えば、**「自分はこうでありたい、あるべき」と思う自分と、実際の自分の行動やありようが一致していて、「今の自分」を受け入れることができている状態が「自己一致」**です。

自己一致していることとは、聴く側の姿勢として必須とされています。

なぜかというと、カウンセリングの場合、話す側（クライエント）は往々にして今の自分が認められない「自己不一致状態」にあります。それに対して、聴く側の「自己一致している状態」が、話す側の自己不一致状態に変化や治療効果をもたらすと考えられているからです。

「自己一致」については、具体的に「こういう状態」とはいえません。また、「絶対こうでなくては」ということもなく、その人その人の「自己一致」感があるように思います。常に正解を求め、経験を重ねるうちに、目標とする状態にたどりつくのではないでしょうか。

たとえば、悩みがあること自体は「自己不一致」ではないと私は考えます。

今、自分が悩んでいることを意識して自覚していれば、「自己一致」です。

今、この瞬間の自分の感情を自分でつかむ

自己一致は、話を聴くときにだけ意識してください。

ポイントは、**「今、この瞬間の自分の感情を自分でつかんでおくこと」**です。それが自己一致につながります。

日頃から常に自己一致できている人間は存在しません。ただ、自己一致をクセにすると、聴く側の悩みごとがすごく減ったり、凹んでも気持ちの戻りが早くなるのは確かです。

「相手の中に答えがある」と強く信じきれる自分をつくるには、自己理解とともに、聴くときに自己一致を意識できる自分でいることが本当に大切です。

自己一致を意識してから話を聴くと、相手の感情に触発されて自分の価値観が前に出てきてしまったり、相手に同情して巻き込まれてしまったりということがなくなり

ます。

万が一、自分の価値観が出てきても「それは私の話だ」と区別でき、すぐ後ろに下げて、相手を主人公に保ったままでいることができます。

「今、この瞬間の自分の感情」のつかみ方

前項で、自己一致させるためには、「今、この瞬間の自分の感情を自分でつかんでおくこと」が大切とお伝えしました。ここで、もう少し詳しくお話しします。

まず、前提として人の心にはクセがあるということを知っておいてください。

どんなクセかというと、**ほんのささいな感情の揺れであっても、放置していると、まったく別のことに対しても「揺れた感情にずっと焦点を当ててしまう」**というクセです。

わかりやすい例が、失敗を引きずっていつまでもクヨクヨしたりイライラしたりしてしまうことです。

たとえば、朝、あなたがいつものように目玉焼きを作っていたところ、黄身が破れて失敗したとします。

それを見た子どもが残念そうに「今日の目玉焼き、つぶれたね」と言いました。

あなたは追い打ちをかけられたように感じて、つい「そんな日もあるわよ！」と強い口調で言い返します。

子どもは朝ご飯の間中、黙り込んでしまいました。気づまりな雰囲気になり、あなたのイライラ、モヤモヤもさらに強くなりました。

子どもの言葉にムカついたのはなぜ？

発端は「目玉焼きの黄身が破れた」ことです。

目玉焼きの黄身が破れて引き起こされた感情は、「残念」「失敗した自分を責める気持ち」です。

次に、子どもに「今日の目玉焼き、つぶれたね」と言われて引き起こされた感情は、「ムカつく」「悲しい」です。だから「そんな日もあるわよ！」と強い口調で言い返してしまいました。

けれども、ちょっと待ってください。

子どもの「今日の目玉焼き、つぶれたね」という発言は、「事実」を述べているだけです。あなたの失敗を責めているわけではありません。

冷静になって考えれば、「そうだね。つぶれたね」と一緒に認めることもできたはずです。それなのに認めることができず、ムカついてつい言い返してしまったのは、なぜでしょうか。

それは、あなたが最初の「残念」「自分を責める気持ち」に焦点を当てていたからです。

今の感情を言語化してみる

感情は瞬間瞬間で変わっていきます。**過去の感情にとらわれていると、「今」の感情が見えません。**

「今」の感情をきちんとつかむには、「黄身が破れた失敗を残念に思っている私」というふうに**言語化する**とよいでしょう。感情が整理されてつかみやすくなります。

子どもに「今日の目玉焼き、つぶれたね」と言われてムカッとしたら「子どもの言葉にムカついている私」と言語化します。自分の今の感情を客観的に見ることになるため、ついカッとして言い返すことも避けられます。

特にひどいことがあったわけでもないのに、なんとなくイライラする日がありませんか？　そういう日を振り返ると、何かのきっかけで生まれたイライラした感情を放置していたことに気がつくはずです。

過去の感情にとらわれず、今の自分を大切にすることが、自己一致につながります。

モヤモヤの正体とは

「なんかこう、モヤモヤして、理由もよくわからない！」

子どもやパートナー、近親者にこう言われたら、私は以下の理由から、特に気をつけて話を聴くようにします。

モヤモヤとは、防衛機制（不安や苦痛などから自分自身を守ろうとする心の働き）により閉じ込められた記憶や感情だと私は思っています。

私はよく「感情にフタをする」という言葉を使います。

モヤモヤは、フタをしたはずなのに何かのきっかけで中の感情が反応している状態です。フタをして抑圧した感情は、見えないだけでなくなったりはしていないのです。見えないけれども「ある」からモヤモヤします。

「わからない」は「今、フタを開けていいのかどうかわからない」状態です。

見えないけれども「ある」からモヤモヤする

たとえば、テレビから「虐待により子どもが亡くなった」などというニュースが流れると、私は何をしていても手を止めてニュースを見ます。私の中に相反する感情が湧き上がり、いても立ってもいられなくなります。

「ふざけるな！」「なんでそんなことを」「こんな小さい子に」と子どもを悼《いた》み、虐待した親に対する怒りがこみ上げる一方、「誰か聴いてあげる人はいなかったんだろうか」「一人で何かを抱えていたのではないだろうか」と、虐待してしまった親への思いが重なって感情が揺れるのです。

私がこんなふうに二つの思いに揺れてモヤモヤするのには理由があります。

モヤモヤする原因は、見えないけれども「ある」、私の中の過去です。

わからないことにしたいのは、フタを開けたら出てくる強い罪悪感です。

子どもたちが小さかった頃、怒ってばかりだった「必死のしつけ」は、子どもたちにすれば虐待に相当するほどの出来事だったのではと思っています。だからこそモヤモヤするし、ザワザワするし、ものすごい嫌悪感にも襲われます。嫌悪感に襲われながら、助けて欲しかった自分を、虐待でニュースになった親に投影するので、余計にモヤモヤするのです。

心のフタを開けるかどうかは自分で決める

「心がダメになるかも」と本能が判断をしてフタをした感情は、人生において無数にあります。

私たちは、安心で安全な場所で、信頼できる人に丁寧に自己開示を繰り返すことで、その箱に触れることができます。

もし、箱の中身を誰かに否定されたり、ジャッジされたり、執拗《しつよう》にアドバイスされたりしたら、傷つきます。それがわかっているから、怖くてなかなか開けられないのです。

私は、話す相手が自己決定でフタを開けた場面に、何度も立ち会わせていただいたことがあります。

ドロドロした罪悪感を吐き出して、一緒にそっと取り出した「それ」には、せつないほどにその方の「頑張った自分」が張り付いていました。フタまでして持ち続けていたのは、手放すと頑張った自分まで捨ててしまう気がしたからでしょう。ずっと握りしめていた「大切な感情」です。

それにそっと触らせていただくためにある「聴く」は、大切な人の心を開き、自分も開くという、受動的でいてパワフルな愛です。**無理やり誰かにこじ開けられるのではなく、自分で決定し、自分で開けることに大きな意味があります。**

開けても大丈夫、開けなくても大丈夫。傾聴により信頼関係が深まったとき、モヤモヤしてわからない心の奥を、一緒に探索しに行きましょう。

自己理解を深めるためのワーク

聴くためには自分自身の理解を深めておくことが大事です。

「聴くやり方」（形の技法としての傾聴）と、「聴く在り方」（心の技法としての傾聴）の双方を意識しながら、「今の自分とは？」を可視化してつかんでいきましょう。

自分というものは、常に外界から多種多様な刺激や影響を受けながら、日々成長を続けています。

そんな自分自身を知るためのワークを二つご紹介します。

今の自分を可視化するワーク

できれば信頼している人たち何人かでワークをすると効果的ですが、一人でもOKです。

①「私は……」から始まる文章を10分間で20個ノートに書き出し、否定的なものに○をつけましょう。

視点の置き換えを試みます。

物事は表裏一体です。一方からのネガティブな見方をポジティブに変換してみると、自分の思考グセに気づくことができます。

例

- 私は、好き嫌いが多い↓「こだわっていることを大切にできる」
- 私は、人見知りが激しい↓「思慮深い」
- 私は、話すのが苦手だ↓「聴くのが上手」

このように視点を変えることで、つい自分を低く評価したり、ダメ出しをしてしまうクセを変えられるようになります。

変化させることに違和感があったとすれば、違和感がある自分という自己理解につながります。

②　①で書き出した20個のうち、肯定的なものに○をつけましょう。

書き出した20項目の中で、自分が一番気に入っているものを決めましょう。

自分で決めた「今の私」のナンバー1は、自己理解のためのキーワードになります。大切にしましょう。

たった20項目ですが、書き出してみると結構大変です。

「私は……」を書くということは「自分を内観する作業」ですので、無意識に差しさわりのない事柄で項目を埋めようとする傾向があります。

「私はカレーが好き」「私はリンゴが好き」などのように、好きな「もの」しか書いていないときは、「どんなふうに好きなの？」「何がきっかけで好きになったの？」と質問し合うと、内容が深まるきっかけになります。一人でワークをする場合は、自問自答すると自己理解に役立ちます。

「自分の長所・短所を見つける」ワーク

次に、自分の長所・短所をなるべくたくさん書き出してみましょう。

就職活動の際のエントリーシートだと思って、自己アピールとして書いてください。書き出してみることでわかることがあり、自己理解のための気づきになるはずです。

【自分の長所＝他者から評価されているところ】

長所にも短所にも「自分が思う長所・短所」と、「他人から言われた長所・短所」があります。

まず長所についてですが、自己アピールとして提示する場合、過去に他者から褒められたことと自分の思いがマッチしていることを長所とする傾向があります。「よく気がつくわね」「いつも明るいね」「思いやりがあるね」「我慢強いね」「計算が速いね」など、人から評価された性質は、自己評価もしやすくなります。

親や近しい人から言われて嬉しかった褒め言葉は、自分の中で大切にしているため、初対面の人に対してや自己アピールする場では、自分でも自信を持って長所と言えるでしょう。

信頼している人からの承認・賞賛は、こういった場面でも個人のエネルギーになっているのです。

【自分の短所＝他者から評価されていないところ】

一方、自己アピールとして短所を紹介する場合、過去に他者からダメ出しを受けたものの、自分の思いとはマッチしていないところを短所とする傾向があります。

他人には評価されなくても、このワークで書き出したことに重大な意味があります。人にはわかってもらえないけれども、「わかってもらいたい」思いがあるということです。

たとえば、「なんでそんなものを集めているの？」「さっさと片付けなさい」「伝えるのが下手だね」などという他者からの評価は、「くだらないものを集めてしまう自分」「だらしない自分」「話すのが不得意な自分」というように、自己肯定感を低下させます。

こうした短所をそのまま書いたのでは、就職エントリーシートの「自己アピール」にはなりません。

書き出した短所を、視点を置き換えて見直し、「自己アピール」として書き直してみましょう。

「こだわりが多少強い方ですが、大切なものを手放さず持っていることができます」

「おとなしいと言われますが、人の気持ちを優先して話すことが得意です」

短所を「ダメなところ」ととらえずに、自分目線に置き換えることで新たな発見がありまます。人になんと言われても変えなかったところにこそ、自分の「強み」を見いだせます。


「短所は長所」であり、全部ひっくるめて自分であることを受け入れられると、他人の短所まで受け入れやすくなります。

自分の思い込みに気づこう

この世に生まれ出て以来、親や兄弟、友人、先生など、私たちはたくさんの人や環境、情報などあらゆるものに影響を受けて育ち、世界でたった一人の自分になっています。

たくさんの成功体験や失敗体験を重ねるなかで、先入観や、常識だと決めつけていること、思い込んでいることがたくさんあります。

ですから、**人の話を聴くときにも、思い込みで聴いてしまうことが多々ある**のです。

ここで一つ、ワークをしてみましょう。

次の文章を読んで、最後の問いに答えてください。

ドクター・森永は優秀な脳外科医。各国から執刀依頼が殺到し、難しいとされる外科手術も見事に成功させている。

ある日、ドクター・森永が大きな外科手術を終えてホッとしていると、救急外来に一本の電話が入った。

これから交通事故のケガ人を搬送するという。

早急に執刀して欲しいと、救急隊員は電話の向こうで告げた。

父親が5歳になる息子とドライブ中、誤って谷に転落。

父親は即死、息子は頭を強く打ち重体。危険な状態が予想される。

15分後、重体の子どもが病院に運ばれてきた。

ドクター・森永はそばに駆け寄り、処置を始めようとその子の顔を見て、あっと驚き声を失った。

その子はドクター・森永の子どもだったのだ。


さて、ここで問題です。

交通事故に遭った父親と5歳の子どもとドクター・森永との関係を答えてください。

自分の中の思い込みを検証しよう

どんな想像が浮かびましたか？

このワークを私の講座でやると、ある人は「ドクター・森永は離婚していて、前の奥さんの子どもである」と考えたり、ある人は「ドクター・森永は子どもを養子に出していた」と答えたり、ある人は愛人騒動に想像が発展したり、ドロドロとした昼のドラマみたいな愛憎劇を妄想するなど、自分の思い込みからくる想像をどんどん話してくれます。

答えは簡単です。

ドクター・森永は、事故に遭った子どものお母さんです。

父親はドクター・森永の夫で、子どもはドクター・森永の実子です。複雑な事情などはありません。

ではなぜ多くの回答者は、ドクター・森永を男性だと思い込み、混乱するのでしょうか？

ドクターといえば男性だと決めつけている。

脳外科医といえば男性だと思い込んでいる。

各国から依頼が殺到するような外科医は男性しか知らない。

こういった先入観が、正しい推理や判断の邪魔をするのです。

問題の文章を読んで浮かんだ想像から、あなたの中の思い込みを検証してみましょう。

思い込みは、「たぶん」から「きっと」になり、いつしか「絶対」として、あなたの中では「事実」にしてしまう働きがあります。

人にはそういう傾向がある、ということだけでも押さえておくと、自分の価値観や先入観だけで決めつけてしまうのを未然に防ぐことができます。


相手を自分の思い込んでいる枠に当てはめないこと。

何かの統計や傾向、見た目などでラベリングしないこと。


目の前にいる大切な人の話を聴くときは、自分の考えや思いは後ろに置いて、ニュートラルな状態になることを心がけましょう。

主観から客観へ視点を変える

「傾聴」が、人とコミュニケーションをとる方法において最も頼りにされる理由は、相手の話を、自己一致した状態で、素直に正確に聴くことを主軸としているからこそです。

話を聴くときに主観が強すぎると、聴きながら勝手に自分の主観で解釈してしまうため、相手の思いが素直に聴けなくなります。

主観とは、自分だけの物の見方や意見です。自分の価値観、判断、見え方、感じ方、とらえ方、すべてが主観です。

聴きながら、「相手はこう話したけれど、きっとこういう意味がある」と、相手の話に勝手に意味づけをしたり、ジャッジして決めつけてしまうのは、主観の強い人の特徴です。話し手の意図とまったく違う勝手な解釈をするため、人間関係がうまくいかないことも多くなります。相手からは「わかってくれない」と思われることもあるでしょう。

自分の主観が強ければ強いほど、相手の思いを感じ取りづらくなるので、相手との食い違いにも気づかなくなります。自分の世界しか見えなくなってくると、相手を感じたくても、自分の世界からなかなか抜け出せません。

相手を感じたいのにその方法がわからない場合、時として、むやみにかまって欲しくなるなど、相手に見て欲しくなるための行動をとります。逆に言えば、こういった方法で愛情を確かめる人は、主観が強くなっている傾向にあります。

「もしかして」「たぶん」「きっと」と妄想が進み、実際には相手がやっていないことまでやったことにしてしまう場合もあります。

そうなると、相手とのコミュニケーションは最悪です。

「これは主観だ」と自分でわかっていれば、それだけで客観視できる隙間ができます。自分が正しいと思っていることは、みんなもそうだと思いがちですが、みんなにもみんなの主観があるのです。

視点を変えるためにはどうすればいい？

主観は、心を守るために強めたのか、もともとの性格なのか、他者が決めつけることはできません。しかし、自己理解が深まると、主観の強さが生きづらさにつながっていることに気づくチャンスが生まれます。

自分で気づくことができたら、客観視する努力もできるでしょう。

では、どうしたら主観から客観に視点を変えることができるのでしょう？

実は簡単です。**「相手に確かめる」だけ**です。妄想が始まったら「こう思ったけど間違っていませんか？」「私はこういうふうに聴いたけど、間違っていませんか？」と、すり合わせることで、自分がいかに勝手に相手の考えまで決めつけて、普段生活していたかに気づけるはずです。

ただ、主観の強い人は相手に確かめることを恐れます。自分の物の見方や想像が間違っていると思いたくないからです。

主観が強いと、人から否定されることも増えます。ですから余計に妄想で誤魔化したり、傷つかないように気持ちの準備をするわけです。

主観の強い人は、怖がり屋さんなのかもしれません。

主観を手放すと世界は広がる

主観を手放して、相手の話を素直に聴くことができたら、コミュニケーションは抜群に良くなります。「私のことを理解してくれようとしている」「わかってくれている」、大切な人にそう思われれば、その人から必要とされるあなたになれます。

あなたにもあなただけの心があるように、相手にも同じくらいこだわりや思いがあるのです。

主観からゆっくり客観視できるようになれば、世界は広がります。物事に対して自由にダイナミックなとらえ方ができるようになることで、たくさんの楽しさを手にすることもできます。

自己理解をしっかりしていれば、主観は、世界でたった一つの自分だけの強みでもあります。

主観と客観のバランスを自分でコントロールすることが、主体的に生きるということに結びつきます。主観だけにとらわれず、自分の主導権は自分で握って主体的に行動することが、あなた自身の自己一致につながります。
自分の「今」をしっかり意識して自分をアップデートしていきましょう。

相手にOKを出せたら、自分にもOKを出そう

何度かお話ししたように、相手の答えは相手の中にあります。まず初めに、傾聴は「答えは相手の中にある」と信じることから始まります。

けれども普通、自分の中の価値観や主観が邪魔をして、なかなかそこまで相手の答えを信じる努力ができません。

信じて裏切られたら傷つくから。

信じる方が結局バカをみるから。

嘘をつかれたら悲しいから。

「聴く」ことは、これまで自分が傷つかないように守ってくれていた本能に少しだけ背く行為ですから、怖さや恐れが湧き上がってきて当然です。

しかし傾聴は、ジャッジしたり、余計なアドバイスをしたり、説教をしたり、勝手な問題解決をしたりしません。

相手にとって安心・安全な場は、実は自分にとっても安心・安全な場になっていくのです。

信じてもらって嬉しくない人は世の中にいません。相互作用により、嬉しかった相手の心はあなたを信じようと動き始めます。

目の前の相手を信じ、相手が答えを持っていることを信じきれた先に、信じきることができた自分を信じられるようになるのです。

目の前の人にＯＫが出せると、今度は目の前の人が鏡になり、自分でも自分を信じてＯＫを出していいと思えるようになります。「聴く」の先には、確実に自分の芯となる軸が確立されていくというご褒美が待っています。

あなたの中に、あなただけの答えがあると信じること。
だから、私の中にも私だけの答えがあると信じること。

「聴くことのできる自分づくり」の、最も大切なポイントです。

7

「聴く」ことで幸せを循環させよう

信じることから始めよう

聴く自分をつくる過程で一番大切なこと、それは「信じる」ということです。

人は大切な人と心の奥でつながっている、つながりたい存在であるということを信じることです。

「傾聴＝信じる＝愛」であることは、「聴く」を学べば学ぶほど確信となり、私の核となりました。

相手がわが子であっても、パートナーであっても、親であっても、親友であっても、信じていない相手には、心の奥は語れません。より近い人であればあるほど、自分が相手の悩みの原因である確率も高くなります。

近い関係であれば、日常的に腹が立ったり、ケンカして口をきかなかったり、文句を言ったり、説教したり、アドバイスもします。いつも「傾聴の姿勢」「傾聴の在り方」でいられるわけがありません。

しかし、聴いて欲しそうだなぁ……と察知したとき、こちらの気持ちを切り替えて「聴く」を意識してみると、みんなどんどん話をしてくれます。目の前の大切な人を信じて寄り添い、「相手の中に答えがある」と信じて聴いていると、話している本人でさえ「なんでこんなことまで話しちゃったんだろう」と戸惑う場面もよくあります。

傾聴が家族の心を守る

近親者やパートナーのカウンセリングはできないと周囲からさんざん言われ、私は何度もあきらめかけました。

けれども今、成人した3人の子どもたちは、それぞれのタイミングで「ちょっと聴いて欲しいんだけど」と、私に声をかけてくれます。

傾聴が「家族の心を守る役割」を果たしてくれているのです。

スモールステップを踏んで、1分、3分、5分と少しずつ時間も延びて、必ずしも悩みごとが解決しなくても、心のよりどころとなっていることは確かです。

母親である私に対する悩みごとは、きっと友人や別の大人に愚痴っているのでしょう。

でも、そのほかの悩みや不安、迷い、人生の岐路で家族から相談される自分をつくることは可能です。

「信じることから始めよう」

私はそれをいつも魔法の言葉のように、胸の中で唱えています。

家族に「聴いて欲しい」と思ってもらえる母になる

もう少し私の家族の話をさせてください。

息子の話が聴きたくて学び始めたカウンセラー養成講座でしたが、学びを重ねるうちに「聴きたくて」じゃなくて「聴いて欲しい」と思ってもらえるお母さんになることが何より大切で何より難しいことに気がつきました。

ある朝、仕事に出るために急いで支度を調えていた私は、当時小学校3年生だった長女に「今日は、学校でどんな楽しいことがあるのかなぁ〜？」と何気なく話しかけました。

すると、「ママは知らなくていいよ、あまり興味ないでしょ」とさらっと言われて、「え……」とショックで息をのみ込んだことを忘れていません。

次男もその下の長女も、問題行動の多い長男に比べ、なんでも自分で決めて調えることができました。私に心配をかけるような行動が少なく安心していたのも事実です。

「興味ないでしょ」と言われてそんなふうに見られていたことに驚き、私の忙しい様子や兄ばかりに目が行くことで、カウンセラーの母は子どもたちの「話したい相手」にはなっていなかったと心から反省をしました。

「そんな私に子どもたちが心の奥を話すわけがない」

そのことに気がついた瞬間、身体中が震えたのを思い出します。

子どもたちに話して欲しいと願いながら、話をしたくなる態度がつくれなかったのは結局百パーセント私の問題です。

私が私を理解して私で在ることが小手先のやり方の何十倍、何百倍も大事なことでした。産業カウンセラー、キャリアコンサルタント、臨床心理士と学びを続けるなかで諸先生方が重ねて言い続けてくれた「自己理解」とは、自分の在り様を整えて「話したくなる・聴いて欲しいと思っていただける」自分づくりに欠かせないことでした。

子どもたちに選んでもらえないカウンセラーなんて

利害関係のない人の話は、その方の背景を何も知らないので思い込みやジャッジに振り回されづらいのですが「家族」はそうはいきません。

いろんな期待や思いが混ざり合っている愛を持ちながら寄り添うのは本当に難しいと今でも思います。

ですが私の思いとして、

〝こんなに勉強しているのに、大切な人に寄り添えないなんて！　家族の心を守れないなんて！　他人の心に寄り添い前を向く援助として仕事をしているのに、子どもたちからは選んでもらえないカウンセラーなんて！　なんかおかしい！　本末転倒だ！〟と。

心新たに子どもたちとの日常に「傾聴」を少しずつ取り入れ始めて、家庭内の風通しはとても良くなりました。

私自身、離婚してシングルマザーになったことは何一つ後悔をしていません。私に3人の子どもを産み育てる経験をさせてもらえたことにも感謝をしています。ただ思った以上に忙しい毎日は時間と疲労との闘いでした。

① どんな行動にも必ず意味があるので否定しない
② 意思決定・自己決定を必ず褒める

③ 様子を見守る・変化に気がつく
④ 興味を持って聴く

「え～今日はどうだった？　なんかあった？」

これらを意識して、そんな毎日を重ねていたら、子どもたちは積極的に話してくれるようになりました。

たった5分の話だったり、ご飯を食べながらテレビを見るのも忘れて話をしたこともあります。

そして時には「お母さんの話をしてもいい？」と子どもたちがどれだけ好きなのかを惜しまずに話して「そんなことを泣きながら言う親っている？」ってバカにされたりしながら、だんだんに大人になっていく子どもたちと過ごせた日々は宝物です。

家族の心を守れたかなぁ？　私の心は間違いなく守れたと思います。

「傾聴を学ぶこと」の本当の意味

「聴く」のメリットは、どんな相手にでも、いつでもどこでも万能に使えることです。いつでもどこでも使うためには、いつでもどこでも聴ける自分を持っていなければいけません。

自分が鏡のようになって相手を映し出し、相手が自己決定していくことで、カウンセリングは進みます。

たとえば占いならば、心を映し出すツールは、カードや数、血液型などいろいろありますが、傾聴は自分自身がツールです。そのツールをつくるために、この本があります。

「相手のために」がいつしか自分のためになる

聴く側は、常に次のことを問われています。

- 自己決定を意識して生きているか
- 自分の中の答えを信じているか
- 相手の自己決定を応援する覚悟があるか
- 人は自分自身の生き方を自分で選んで、考えて行動していく力をもともと持っている、と理解しているか
- 自分が自分自身の主導権をしっかり握っていると信じきれているか

相手のための自分づくりはいつしか、主体的に生きること、自らが望む方向に成長しようとする自己実現傾向を持って生きることに自然につながっていきます。これが、「傾聴を学ぶこと」の本当の意味でのご褒美だと思います。

傾聴を学ぶと、相手のための肯定的な関心や共感や自己一致が、そのまま自分に返ってくることに気がつきます。

あなたが相手の鏡であるならば、相手もあなたの鏡です。真剣に向き合えば向き合うほど、相手もあなたを映し出してくれます。

聴く側も、日常的に自己決定を重ね、自分に関することの主導権は自分が持つようにしていると、悩みが減ってストレスが軽減されます。

自己一致のための自分づくりは、自分を大切にする方法ともいえるでしょう。

聴くために自分を変える必要はない

本書には何度も「自分をつくる」という言葉が出てきますが、**今の自分を変える必要はまったくありません。**

「人から話を聴いていないとよく言われるので、聴けるように変わりたい」

傾聴を学び始める方の多くはそうおっしゃいます。しかし、傾聴は自分が変わるために学ぶものではありません。

傾聴を学ぶには、「大切な人の心を聴きたい」「子どもといい関係を築きたい」という純粋な思いがとても大切です。

「聴く」という愛は、聴く側と話す側の間で循環してこそ意味があるので、「自分が自分が！」と、自分にしか目が行かないと主観から離れられずに空回りしてしまい、何も心に残せずに終わります。

そういう人は、「聴いてあげている」「私がなんとかしてあげる」という独りよがりな聴く行動になりがちです。そのような〝自分だけが大好き〟な状態の人に、相手が心を開くわけもなく、心のシャッターが下りてしまいます。

親子であっても別人格。わかり合えなくて当たり前

聴くときは、相手が自分の子どもであっても、「聴かせてね」という姿勢や思いで寄り添います。親子であっても別人格、別の人間であると分離をすることが、人としてより近くに存在することができるきっかけになります。

人間の子どもは、生まれてからしばらくは保護する人がいなければ生きていけません。自分のことを守ってくれる人に依存して初めて生きていけるのです。一方、特に母親にとっては、10か月もの間、自分の一部として子どもがお腹にいたわけですから、共依存の状態になることは必然といえば必然です。

ですが、子どもは生まれた瞬間から個となり、別の人間となります。大前提としてわかり合えなくて当たり前です。そこからお互いに歩み寄り、おっぱいのタイミングや睡眠の時間から何から、すり合わせながら成長するわけです。

役割を少し緩めれば、あなたのままで大丈夫

「どうして、子どもの気持ちがわからなくなるんだろう」

ちょっと待って！　わからなくなったのではなく、元々わからなかったのです。

あなたの思い込みの中に存在してくれていただけで、お子さんはあなたの物ではありません。

もう監視業務はやめましょう。もう心配から離れましょう。思春期がその絶好のタイミングです。

自分の価値観を自己決定でつくる時期、子どもは親と対等な位置に早く立とう、枠から外れようと必死です。親は、子どもを対等な一人の人間として扱うことで寄り添えます。子どもも実は、一番不安定で一番誰かに聴いて欲しい時期です。

聴くための自分をつくるとは、「変わる」のではなく「緩む」ことです。

担った役割を緩ませて、自分がより自分になることです。手放すのでも、変わるのでもありません。安心してあなたでいてください、あなたのままで大丈夫です。

聴く側も自分の声を聴くことができる

大切な人の話を聴くことを重ねていくと、「ピン！」と旗が立つように「奥にある気持ち」に関する言葉が私の中に浮かび上がります。

話し手が、話をするなかで、ある事柄に接すると感情があふれてきたり、その言葉を口にするときに呼吸が荒くなったり、何度も同じところを強調して話したりすることがあります。

しかし私は、「奥にある気持ち」を指摘しません。やはり聴き手に言い当てられるのではなく、話し手が自分で決めて、自分の口から発してもらいたいと思っています。先回りして言われたり、決めつけられたり、押しつけられたりして傷ついてきたからこそ、相手は「ただ聴いて欲しい」のだと思います。

そうして**いつしか私の「ピン！」と相手の「ピン！」が重なったとき、深いところで信頼が生まれ、心がつながるように感じます。**

大事なのは、「ピン!」と立ったのに、相手と重ならなかった旗です。私の概念にないものは、相手の中に感じることはできません。相手を主人公にして聴いているにもかかわらず、自分の中に浮かんできたものは、本当に申し訳ないことですが、あくまで「私の概念をベースにした私の声」です。

つまり、重ならなかった心の声は、実は私自身が今一番欲しい言葉だったりするわけです。

素直に真剣に寄り添ったその先には、相手を鏡にして自分の声が聴けることがあるのです。聴いている私にも気づきをたくさんくれます。これが聴くことのパワーです。

聴くことで気づきをもらう

たとえば以前の相談でこういうことがありました。

相談者Aさんは50歳の女性。80歳になった母親の認知症が進んできて困っているとおっしゃいます。

Aさん 「母が最近よく物を忘れて困っています。この間なんかね、私の住んでる場所がわからなくなって、最後には娘のこと（中3）、まだ5歳くらいだっけ？　って言うんです」

私　「お母様がAさんの住んでいる場所や、娘さんの年齢を間違えたり忘れたりするようになって困っていらっしゃるんですねぇ」

Aさん　「はい。でも母は、私の弟のことはとてもよく覚えていて、こんな年になってもまだ弟のことは特別なんだなあ……ってなんか嫉妬というか悲しいというか。バカみたいでしょ（泣）。……母はそれでも、忘れないようにあちこちに付せんを貼ってて、私がするように言ったのをちゃんと守ってて、だけどどんどんどん忘れていくんです」

私　「お母様は弟さんのことはちゃんと覚えていて、Aさんはお母様に嫉妬というか悲しい気持ちがあるんですね。それでもお母様はAさんが伝えたことを守って付せんをあちこちに貼ってるんですね……。だけどどんどん忘れていくというお話でいいですか」

Aさん　「はい、いいです」

ここまで聴いて、私の中にはいくつかの旗が立ちました。

①お母さんが大好き
②小さい頃の弟さんとの関係
③忘れられてしまう、悲しさ、怒り
④覚えていて欲しい思い
⑤お母さんからの愛

Aさんが⑤に気がつくといいなあ……と、どこかで願っている自分を見つけて、あわてて後ろに追いやります。

主観でしかものが見えていないときに、一瞬でも客観視できると視点が変わり、気分が楽になります。だから⑤の話になればいいなと思いました。しかし、話が⑤に行くか行かないかは、Aさんが決めることなので誘導はしません。

一方、私は旗が立ったことで、自分自身の親との関係に気づきをもらうことができました。

Aさんの話の内容は、私の実家の状態と似ていました。話を聴いているときはまったく気がついていなかったのですが、しばらくして、母が電話で「もう最近は、なんでも忘れちゃうのよ」と言ったとき、とても動揺しながらも、こう返すことができたのです。

「もう、なんでも忘れていいよ、お母さん。私がお母さんを絶対に忘れないから大丈夫」

「お母さんからの愛」という旗が「ピン！」と私の頭の片隅に残っていたから、動揺を抑えて、母の老いを受け入れることができたのだと思います。

傾聴は、聴く側も自分の声を聴くことができ、心の整理もできるのです。

親との関係のなかで「聴く」こと

先ほど、自分の親との関係に気づきをもらったと書きましたが、昭和9年生まれの私の両親は令和7年現在、90歳になりました。

そして現在に至るまで40年近く二人で暮らしています。

私や兄も20歳を過ぎると結婚をきっかけに家を出ました。ですから両親は40年もの間二人で年を重ね、自分たちで大切に管理をしてきた家にこだわり、そこで生活をしています。

とはいえ80の声を聞くと二人ともいろんなことがだんだんにゆっくりになり、物忘れも多く病気も重なって母は家から出なくなりました。母に代わって父が買い物に出たり、掃除をしたりずっと二人で工夫して生きてきたのです。

実家に泊まることはほとんどなかったのですが、実家のそばで用事があり、何年かぶりに泊まったとき、二人の様子がただごとでないと気がつきました。

朝ご飯を作ろうと台所に入るとフライパンや包丁がさび付いていて、油や醤油、砂糖もなく冷蔵庫も空っぽでした。あんなにもお料理好きで冷蔵庫がいつも食材であふれていた母の大切な台所ではなくなっていたのです。

私「お母さん……、最近お料理してないの？」

母「してるわよ～。朝はパン、昼は麺、夜はご飯って決まってるのよ」

父「お母さんは作ってるぞ、何おかしなことを言ってるんだ」

その後続く会話には現実味がほとんどなく、ただ二人は穏やかに笑いながら、「そうよねぇ～」「そうだよなぁ～」と困った様子もないのです。

あわてた私は、すぐに担当地域の包括支援センターに連絡をしました。ケアマネジャーさんを紹介していただき、市役所やヘルパーさん、訪問介護・訪問医療、お弁当屋さんを実家に入れて、今では自宅で介護施設並みのサービスを受けることができています。本当にみなさんには感謝でいっぱいです。

父の話に耳を傾けて寄り添う

父には、子どもの世話にならず自分の力で母を守り生きてきたプライドがあり、認知症が進みながらも誰にも面倒をかけずに健康で生活できているという思い込みがあります。ですから家に訪問者があるたびに不安になり、説明されても否定ばかりで大きな声を出すなど毎回大騒ぎになっていました。

私自身も認知症が進んだ両親の様子を目の当たりにして、伝わらない会話を繰り返すことは、つらくて、悲しくて、胸の奥が痛くて、見ないですむなら逃げてしまいたいという思いに何度も襲われました。

尊敬していた父、大好きな母が日々壊れていくような姿に何度も泣きました。

あるとき、父が急に私や兄が小学生の頃出かけた夏の旅行の話を嬉しそうにし始めました。ゆっくりあいづちを打っていると父からその思い出があふれるように出てくることがわかり、その話を傾聴することにしました。

深呼吸をして「うんうん、そのときは楽しかったんだね」と。

自分の価値観は後ろに置いて「仕事は忙しくても家族旅行は楽しみだったんだね」。「あぁ〜、お兄ちゃんが海でケガして大変だったなぁ」と言う父に対して、「大変だったねぇ」と、時には承認・賞賛をいれながら、脈絡のない話に付き合っていたら、ふっと目が合って「あの頃はまだ小学生だったのに由加も大きくなったなぁ〜。今日は仕事はお休みなのか？」と急に今に戻って会話する父にびっくりしました。

「うんうん、今日はお休みなんだよ」と言うと、「そっか、ありがとうね」と私にお礼を言ってくれました。

それまで何をしても父は私にお礼の言葉を言わなかったので、嬉しくて「親なんだから当たり前でしょ、こちらこそ感謝してるよ」と私も自然に伝えることができました。それは傾聴の姿勢で精一杯寄り添ったからだと信じています。

傾聴には「信頼関係の構築と維持」という効果があります。お互いの間に安心で温かな空気をもたらしてくれます。

「父はどんな思いで今この話をしているんだろう」

「父にとって家族4人で旅行に行った思い出は宝物なんだなぁ」

それはいろんな思いに爆発しそうだった私の心も守ってくれた傾聴でした。

心の奥は家族愛でいっぱいだった父の昔話にこれからも寄り添えたらと思います。

今だからわかる心の鏡

今、過去を振り返ってもただの意味づけであり、時間を経て捏造《ねつぞう》している可能性もありますが、人生の岐路のような場面では私の話をただ寄り添って聴いてくださる存在があったと思います。

傾聴を必死に学んできたからこそわかることだと思いますが、感謝しかありません。

いじめられっ子だったあの日の私

これは息子のいじめ問題で私が傷ついた理由の一つかもしれません。小学校1、2年生の頃、私はわかりやすいいじめに遭っていました。当時はどの家も今ほど子どもを監視したりコントロールせずに野放しだったのもありますが、今思うとひどいことをされたと思います。

休み時間にはクラスの仲が良かった子まで一緒になって「追いかけ回す」。捕まったら囲まれて蹴られたり叩かれたりするので、トイレや体育倉庫に逃げていました。ランドセルにそのまま牛乳を注がれて教科書がびしょびしょに濡れて臭くなったり、一番ひどかったと今でも思うのは、長かったおさげ髪を耳の下でハサミで切られて、泣きながら手に持って帰ったこととか、思い出すとキリがありません。もちろん母も知っていたと思いますが、いじめを誘導していた子の母親にあまり大騒ぎせずに保護者会で伝えたことは知っています。

よくありがちな「由加ちゃんが好き」みたいないじめの動機には母もアホ臭いと呆れ、三つ上の兄に「由加をよく見てあげてね」と託してくれたおかげで鎮静化したと思っています（私が知らないだけで両親が何かしたかもしれません）。

その頃の私は、学校帰りに一人でよく家の近所の八百屋さんのおばちゃんに声をかけてもらって「焼き芋」をご馳走になりました。おばちゃんはお店の脇に木箱を裏返して座らせてくれて「どしたの～」って。「あったかいから食べて帰りな」って、それだけです。

それだけですが、今でも思い出すくらい私のよりどころであり安心安全な場所だったのでしょう。何を話したのか何も思い出せないけれど、あの空気感がよみがえるとホッとします。

カウンセリングや講座のときもラポール形成の場面で目指す「安心安全な場づくり」として有り難かった気持ちと合わせて心に置いています。

自分の声が聴けた日

私は特定の宗教を信仰していません。

しかしながら自分の外側に自分以外を強く信じる気持ちを持つことは尊いことだと思っています。

私が宗教心もないのに「宗教美術」に惹《ひ》かれ、仏像が好きな理由の一つに中学校の修学旅行「京都・奈良」での出会いがあります。

事前の勉強会で、日本最古の仏像とされる飛鳥寺の飛鳥大仏に興味を持ち、目の前にしたときの衝撃は今でも忘れられません。

それまで、両親や八百屋のおばちゃん、近所にいる親戚のおばさんにもたくさん不平不満を聴いてもらっていましたが、私の初めてのカウンセラーは飛鳥大仏でした。

そのとき、私は大仏を目の前に、時間も忘れずっと心の中で話しかけていました。

「私の進路はこれでいいんでしょうか？」

「将来の目標はこれで間違っていませんか」

手を合わせて飛鳥大仏のアルカイック・スマイルや銀杏形の目を見ていたら、**まるで大仏様が教えてくださるかのように「そのままを信じて」という声が心の奥に届いたのです。**

大仏様の声でないことくらいわかります。しかし私の心の奥の思いがあふれて大仏様を鏡に自分の声を聴いた瞬間でした。

今でも神社に行けば鳥居の前で頭を下げ、本殿前で手を合わせます。

「私はこれでいいんでしょうか？」

それを確認するたびに「そのままを信じて」というあのときの声が心の奥に届きます。

離婚前に再び訪れた飛鳥寺の飛鳥大仏ですが、何もかもがそのままでした。

そのままでいてくださったことだけで有り難く、泣きながら離婚に至る報告を心で必死に伝えようとしていたのを思い出します。後悔や反省や不安を心の中で何度も繰り返し問いかけたとき、心にこだまのように「そのままを信じて」と届いて、また泣きました。

その後、離婚時3歳だった娘が社会人になり初めての二人旅のとき、飛鳥大仏に会いに行きました。自転車で少し緊張しながら向かうその道は20年経ってもそのままでした。

「娘を連れてきたよ。そのままで大丈夫だったよ。信じて育てたよ」

声に出しながら手を合わせて顔をあげると大仏様が笑って見えました。

私の心や私の顔が映し出されているのがわかっていてもすごく嬉しかった日。

私のプレゼンスは「飛鳥大仏」です。

私のカウンセラー

傾聴に出会って25年が経ちました。傾聴講座を開催し、傾聴カウンセラーを育てて13年です。

私も教えながら学ぶことも多く、信じたカウンセリング技術を重ねるように伝えてきて思うことはただ一つです。

「みなさんの存在が私のカウンセラーだよ！」

講座の中で傾聴カウンセリングを実践するロールプレイで私がクライエント役をする機会も多いです。

普段自分のことを話し続けるのに慣れていない方が多く、「感情を出しながらカウンセラーを信じて話すこと」も勉強になります。

ですからそのときは、私も遠慮なく心を開いて自己開示します。

生徒さんが未熟だろうとなんだろうと容赦ありません。

私の本気の開示に生徒さんも真剣みが増します。

ところが精一杯クライエントになり生徒さんを育てているつもりですが、話を聴いてもらったおかげでいつの間にか私の悩みも解消しています。

私が教えている生徒さんたちが、紛れもなく私の中で一番信頼できる私のカウンセラーです。

傾聴には目の前の人との信頼関係を構築し、維持するお役目があります。

傾聴によってつながった仲間こそ、私の人生の宝物です。

聴いてもらうことが生きやすさにつながる

先述したように、私は多くの人に支えられてきました。

先天性心室中隔欠損症で生まれた長男がお世話になっていた病院の先生は、私が本当に苦しくて、もう息子と死んでしまおうかと思うくらい切羽詰まっていたときに、私の心配な気持ちをたくさん聴いてくださり、思いを吐き出させてくれました。

区役所の無料の家庭相談を担当されていた白髪の女性も、この後予約がないからと、延々3時間も、私の話をただうんうんとうなずいて聴いてくださいました。

日本には「ただ聴いてくれる場所」があまりありません。でも、立場上、自ら聴く役割を担ってくださった方々に私は救われてきたのです。

家族であっても、その役割は担えます。たとえ、悩んでいる原因がその家族にあったとしても、価値観をすべて後ろに置いて、**たった5分でも寄り添ってくれたなら、お互いの誤解も解け、信頼関係が再構築されるきっかけになります。**

聴く方が素直にまっすぐに聴けば、話す方も素直になれます。

お互いに信頼感が増し、フラットな状態がそこにつくれると、自分の思ってもいない感情が見え隠れし、頑なだった主観や価値観や概念が緩んで、本当にすっきり楽になります。

「話すは放す」とはよく言ったものです。「自分はこのままでいい」「自分の答えで間違っていない」「ダメって言われない」「信じてもらえた」、その経験が生きやすさにつながって、自分がより自分になっていく過程を楽しめるようになります。

「0でもなく100でもなく、黒でもなく白でもなく、自分が思った通り好きにしたらいい！　ダメなことなんて1個もない！」

自己決定を丁寧に重ねていきましょう。

おわりに

傾聴は愛でできている

傾聴に出会ったきっかけは「息子の声が聴きたくて」でした。その学びを通してたくさんの方に「私の声」を聴いていただき、そして「誰かの声」を聴かせていただける係になり、こうしてこのたび文字を通してお伝えする係にもなりました。

最後まで読んでいただき、本当にありがとうございます。

傾聴を世の中に広めたカール・ロジャーズは、カウンセリングで最も大切なことは〝カウンセラーの態度〟だと教えてくださり、私は何度も暗記するようにカウンセラーの態度として必要な三条件「無条件の肯定的な関心」「共感的理解」「自己一致・純粋性」を心に刻みました。

そして、ロジャーズが晩年大切にされていた「プレゼンス（presence）／意味ある存在・在ること」を私はカウンセラーとしての目標としています。

最初は、〝何を言っているんだろうなぁ〟としか思わなかったそれら四つの条件の意味が実は「ただ目の前の人を愛しなさい」、そう言われていると感じてから私の傾聴という愛の講座は始まりました。

傾聴は目の前の人を信じて愛することを基本とする最高の技法です。

傾聴の本質がわかってくればくるほどそれは逃げ出したくなるほど難しく、何度も投げ出してわかりやすい分析法に走りたくなりました。

そして、目の前の人の奥にある本音に寄り添い共感しつづけるには「覚悟」も必要でした。

私の価値観を決して押し付けず誘導もせず、「ただ信じてそばに居る」こと。

傾聴をいくら学んでも「私は、私です」。私としてあなたのお役に立ちたくなる……どうしても自分を主役にしたくなります。

でも、私は何かをしてあげたり問題を解決する係ではありません。

答えはその人の中にしかないのです。

「違いを楽しむ」「違いを面白がる」「違いを安心する」ことで、他者を否定することも、自分を押しつけることも責めることも減りました。

目の前の人をまるっと信じて愛する訓練は楽しくて、そんな自分のこともまるっと信じて愛してもいいかなぁ〜って思います。

〝人を信じることは、私を信じること〟
あなたの中にもあなたの答えがあるように私にも私の答えがある。
そう思うとなんだかラクチンになりました。

私はね、ずっと思っていることがあります。
〝自分を信じてくれる人がひとりでもいたらね、人は死なない〟
そういう時ってさ、人は勝手にひとりになってしまうからね。
精一杯手を挙げて「私がいるよ！」「私があなたを信じるよ」
ただそう言い続けます。
依存させずに存在する・お役に立たなくてもここに居ます。
あなたを信じる係・愛する係・存在する係だからね。
傾聴は愛でできている。

２０２５年　１月

辰　由加

参考文献

『カウンセリングを学ぶ――理論・体験・実習』

（佐治守夫・岡村達也・保坂亨著、東京大学出版会、1996年）

『カール・ロジャーズ入門――自分が〝自分〟になるということ』

（諸富祥彦著、コスモスライブラリー、1997年）

『現代カウンセリング事典』（國分康孝監修、瀧本孝雄編集、金子書房、2001年）

『初級産業カウンセラー養成講座テキスト　産業カウンセリング入門　改訂新版』

（社団法人日本産業カウンセラー協会編集・発行、2002年）

『産業カウンセリング　産業カウンセラー養成講座テキスト　改訂第6版』

（社団法人日本産業カウンセラー協会編集・発行、2012年）

『JILPT資料シリーズNo.165　職業相談場面におけるキャリア理論及びカウンセリング理論の活用・普及に関する文献調査』

（独立行政法人労働政策研究・研修機構編集・発行、2016年）

初出について

5　親子がもっとラクになるコミュニケーション法

「私だったら」から「あなただったら」の視点へ

――「聴くという愛5」『解脱』2021年5月号

介入しない愛――子どもの課題に踏み込まない

――「聴くという愛9」『解脱』2021年9月号

心配ではなく、信頼でつながる

――「聴くという愛12」『解脱』2021年12月号

＊本書の1・6・7章は、著者の既刊『子ども・パートナーの心をひらく「聴く力」』（秀和システム刊）の記述内容を、字句の一部を改めた上で掲載しています。2・3・4章と5・7章の一部は書き下ろしです。

辰 由加（たつ・ゆか）

公認傾聴カウンセラー、キャリアコンサルタント技能士、NPO法人「Smile up」代表理事、傾聴カウンセラー協会代表。

東京都三鷹市生まれ。シングルマザーとして3人の子を育てるなかで、子どものいじめや非行に悩み、「傾聴」を学ぶ。

2011年より「聴く力」を広める活動を始める。

2014年、主宰する「傾聴講座・カウンセラー養成講座」の卒業生の活動拠点として調布市にNPO法人「Smile up」を設立。2015年より同市に傾聴カウンセリング専用のカウンセリングルームを開き、「ただ聴いて欲しい」人の声を聴き続けている。

- NPO法人「Smile up」
  https://www.smile-up.info/
- 傾聴カウンセラー協会
  https://nanokeicyo.jimdoweb.com/
- 著者ブログ【傾聴は愛】辰由加▶▶NANOパワー★
  https://ameblo.jp/01039302/
- 著者Facebook
  https://www.facebook.com/tatsu.yuka.9

子どもの話をちゃんと聴く。

自分もハッピーになる傾聴のコツ

2025年3月15日　初版第1刷発行

著者　辰 由加
発行者　中沢純一
発行所　株式会社佼成出版社
〒166-8535　東京都杉並区和田2-7-1
電話　(03)5385-2317(編集)
(03)5385-2323(販売)
URL　https://kosei-shuppan.co.jp/
印刷所　株式会社精興社
製本所　株式会社若林製本工場

落丁本・乱丁本はお取り替えいたします。


〈出版者著作権管理機構(JCOPY)委託出版物〉

本書の無断複製は著作権法上での例外を除き禁じられています。

複製される場合はそのつど事前に、出版者著作権管理機構(電話03-5244-5088、ファクス03-5244-5089、e-mail:info@jcopy.or.jp)の許諾を得てください。

©Yuka Tatsu, 2025. Printed in Japan.

ISBN978-4-333-02937-2 C0037　NDC379.9/216P/19 cm